Claudia Erler • Ute Stary (ehem. Bendt)

Pädagogische Grenzsituationen in der Kita meistern

- Verhalten hinterfragen
- professionell reagieren
- gelassen bleiben

Verlag an der Ruhr

Impressum

Titel
Pädagogische Grenzsituationen in der Kita meistern
Verhalten hinterfragen – professionell reagieren – gelassen bleiben

Autorinnen
Claudia Erler, Ute Stary (ehem. Bendt)

Titelbildmotiv
Julia Flasche

Fotos
soweit nicht anders vermerkt: Claudia Erler, Ute Stary (ehem. Bendt)

Illustrationen
soweit nicht anders vermerkt: Natascha Welz
Rahmenelemente: Kapitelicons: © KatyaKatya; Pfeil: © bofotolux; Streifen: © perekotypole; Klecks: © merklicht.de; Lupe: © Annika Gandelheid; Aquarellfeld: © songglod – alle stock.adobe.com

Gestaltung, Layout und Satz
ebene N, Mülheim an der Ruhr

Druck
AZ Druck und Datentechnik GmbH, Kempten, DE

Verlag an der Ruhr
Mülheim an der Ruhr
www.verlagruhr.de

Geeignet für ErzieherInnen und Tagespflegepersonen

ISBN 978-3-8346-3676-8

Inhaltsverzeichnis

Über dieses Buch

Wie kam es zu diesem Buch? In unseren Seminaren sprechen uns Erzieherinnen[1]/Eltern häufig an, weil sie etwas auf dem Herzen haben. Meist geht es um Situationen mit Kindern, in denen sie **nicht mehr weiterwussten**. Fast alle Erwachsenen, die Kinder betreuen, mit ihnen arbeiten und leben, kommen irgendwann einmal an ihre Grenzen. Es kann z. B. sein, dass sie sich so sehr ärgern, dass es ihnen die Sprache verschlägt oder sie in einer Weise reagieren, die weder ihnen noch dem Kind guttut. Intensive Gefühle spielen in solchen Situationen eine Rolle: Wut, Verzweiflung, Enttäuschung, Hilflosigkeit usw. Wer kennt das nicht: Bei aller Liebe, Kinder können einen wahnsinnig machen. Und fast alle Kinder würden jetzt vermutlich sagen: Bei aller Liebe, Erwachsene können einen wahnsinnig machen!

Der Wunsch nach einer Lösung, nach Vorschlägen, nach Unterstützung ist groß. Nun, auch wir haben keine Patentrezepte, doch wir möchten Sie mit diesem Buch ermuntern, **kindliches Verhalten genauer zu betrachten und Ihre eigene Perspektive zu verändern**. Dies ist die Methode, um Missverständnissen, voreiligen Deutungen und eigenen Stolpersteinen auf die Spur zu kommen. Schauen Sie sich immer näher an, was ein Kind mit seinem Verhalten „sagen" will und welche Wirkung Ihre Reaktion wiederum auf das Kind haben kann. Das Verstehen-Wollen ist der Anfang, um eigenes Verhalten ändern bzw. korrigieren zu können.

Das Buch lebt von vielen **Fallbeispielen**, die wir ausführlich (und nicht ohne Augenzwinkern) schildern. Es sind Erlebnisse, die uns Erzieherinnen und Eltern beschrieben haben, oder Situationen, die wir selbst erlebt haben. Es geht uns darum, das Geschehen unter einem anderen Blickwinkel zu beleuchten, Zusammenhänge deutlich zu machen und die Rolle der Erwachsenen kritisch zu hinterfragen.

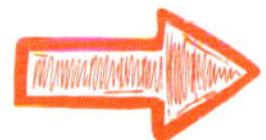

Ziel ist es immer, das Kind mit seinen Grundbedürfnissen achtsam wahrzunehmen und sensibel darauf einzugehen.

In der Folge führt dies auch dazu, dass Erwachsene entspannter und gelassener werden. Denn fühlen sich Kinder wohl, geht es auch Erwachsenen besser.

Unsere Nachbetrachtungen zu den geschilderten Fallbeispielen, erkennbar an der Lupe und der Bezeichnung „Und nun mit der Lupe", sind keine psychologisch fundierten Analysen, sondern die **Einladung und Anregung, eine andere Perspektive einzunehmen**. So kommen wir zu hilfreichen Erkenntnissen über uns und das Kind.

[1] Aus Gründen der besseren Lesbarkeit haben wir in diesem Buch durchgehend die weibliche Form verwendet. Natürlich sind damit auch immer Männer gemeint, also Erzieher, Pädagogen, Fachanleiter etc.

Über dieses Buch

Zu **Beginn des Buches** beschäftigen wir uns mit den Begrifflichkeiten Überforderung, Überlastung und Grenzsituationen, um zu klären, was damit eigentlich gemeint ist. In **Kapitel 2 und 3** widmen wir uns den Themen Gefühle, Verhalten und Handeln sowie frühkindliches Lernen. Diese grundlegenden Betrachtungen sind Voraussetzung für ein tieferes Verständnis herausfordernder Situationen mit Kindern, die wir in **Kapitel 4** anhand dreier Fallbeispiele ausführlich besprechen. In **Kapitel 5** sind wir Gründen auf der Spur, die uns überhaupt erst in „Grenzsituationen" bringen; auch hier beziehen wir zahlreiche exemplarische Situationen in unsere Erläuterungen ein. In **Kapitel 6** haben wir einige kreative Tipps für den Kita-Alltag zusammengetragen, die stressbesetzte Situationen für alle Beteiligten erleichtern können.

Auf den kommenden Seiten werden Sie nun Paul, Nina und vielen anderen begegnen. Sie alle haben eins gemeinsam: **Sie sind Kinder, die lernen.** Lassen Sie uns gemeinsam einen Blick darauf werfen, wie sie das tun und was wiederum wir Erwachsene daraus lernen können. Die Namen aller auftretenden Personen haben wir geändert, um ihre Privatsphäre zu schützen.

Überforderung und Überlastung im Kita-Alltag

In unseren Gesprächen mit Kita-Erzieherinnen, Leiterinnen oder Praktikantinnen fallen immer wieder die Begriffe **Überforderung und Überlastung**, wenn es um den Alltag mit Kindern geht. Die Beteiligten beschreiben Situationen, in denen sie an ihre Grenzen kommen, in denen sie sich Unterstützung wünschen – oder manchmal einfach alles stehen und liegen lassen wollen, weil sie nicht mehr weiterwissen und am Ende ihrer Kräfte, am Ende ihres Lateins sind.

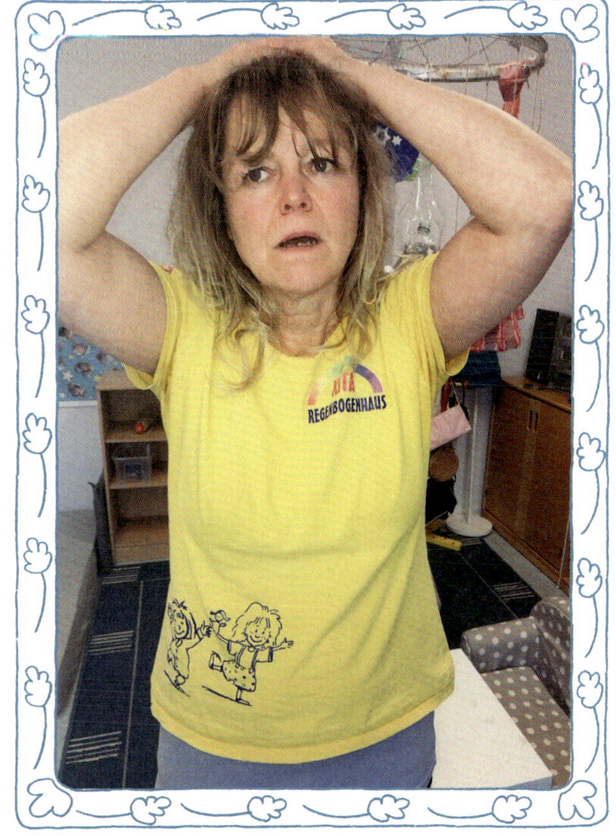

Überlastung ist etwas anderes als Überforderung und es lohnt sich, einen Blick auf die Unterschiede zu werfen. Doch bevor wir uns Definitionen und Erläuterungen ansehen, laden wir Sie ein, sich für sich selbst einmal zu notieren, was Sie unter beiden Begriffen verstehen. In welchen Situationen haben Sie sich überlastet gefühlt, in welchen überfordert?
Am besten nehmen Sie sich nun ein Blatt Papier zur Hand und notieren Ihre Gedanken, noch bevor Sie umblättern.

Über dieses Buch

Pädagogische Fachkräfte haben uns folgende Antworten auf unsere Frage nach Überlastungs- und Überforderungssituationen im Arbeitsalltag gegeben:

Überlastung

Ich bin gestresst, ausgepowert, kopflos, ohnmächtig.

Ich bin überlastet durch zu viel Arbeit/ Organisation.

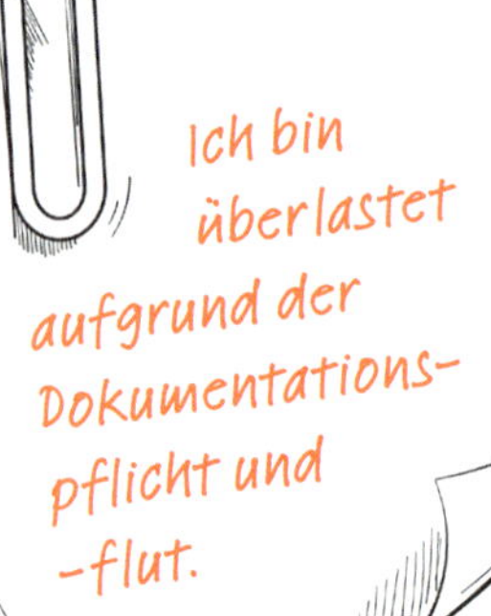

Ich bin überlastet aufgrund plötzlicher Verän-derungen.

Ich frage mich: Was ist die Last? Wer erlegt mir die Last auf? Wie sind Lasten verteilt? Wie viel Last halte ich aus?

Ich bin überlastet durch Umstände, Bedingungen (z. B. hoher Betreuungs-schlüssel).

Ich bin überlastet aufgrund von Zeitmangel.

Über dieses Buch

Überforderung

Abb.: © MicroOne | stock.adobe.com

Über dieses Buch

Was sagen Studien zu Belastungen pädagogischer Fachkräfte?

Die psychische und körperliche Belastung von pädagogischen Fachkräften in Kindertageseinrichtungen ist in den vergangenen Jahren in zahlreichen Studien untersucht worden.[2] Hinsichtlich typischer **Belastungsfaktoren** im Kita-Alltag kommen die Studien zu ähnlichen Ergebnissen, auch wenn sich der prozentuale Anteil der Erzieherinnen, die sich durch diese Faktoren belastet fühlen, in den Studien unterscheidet. Wahrgenommene Belastungen in unterschiedlichem Ausmaß waren u. a.: Zeitdruck, Personalmangel, die Gruppengröße, Arbeitszeitregelungen (Pausenzeiten können nicht eingehalten werden), Lärm, stimmliche Belastung, das Tragen von Kindern und eine ungünstige Körperhaltung. Einige Erzieherinnen berichten vom Gefühl der Hilflosigkeit aufgrund gestiegener Ansprüche von Eltern sowie von Belastungen durch jene Kinder, die sie als verhaltensauffällig erleben.

Die Datenlage zum **Stresserleben**[3] hingegen ist uneinheitlich. Was psychische Belastungen betrifft, kommen die Studien zu verschiedenen Aussagen. Es liegt nahe, dass ein Grund dafür darin liegt, dass Belastungen von jedem Menschen unterschiedlich verarbeitet werden:

Schaut man sich die bisherigen Ausführungen an, wird deutlich, dass **Überlastungen** durch äußere Bedingungen am Arbeitsplatz entstehen. An dieser Stelle empfehlen wir Ihnen dringend, engagiert für bessere Arbeitsbedingungen einzutreten und auch bei Rückschlägen nicht aufzugeben. Wir wissen, dass das nicht leicht ist, dass es Kraft und Nerven kostet, aber es lohnt sich! Wenn es in Ihrer Kita z. B. keinen Raum gibt, in den Sie sich in Pausen oder in eklatanten Stresssituationen in Ruhe zurückziehen können, kämpfen Sie (gemeinsam) dafür! Das Gleiche gilt für angemessene Sitzmöbel für Erwachsene, die wir zu unserem Entsetzen nicht in jeder Kita vorfinden. Was den Lärmpegel betrifft: Viele Kita-Träger investieren mittlerweile im Zuge von Modernisierung oder Neubau verstärkt in Lärmschutzmaßnahmen, die Bestandteil des Gesundheitsschutzes für Kinder **und** Erwachsene sind. Informieren Sie sich über Gesetzesgrundlagen zum Gesundheitsschutz, bleiben Sie hartnäckig und übernehmen Sie Verantwortung für Ihre eigene körperliche und seelische Gesundheit.

Was weiterhin deutlich wurde: **Überforderung** hat etwas mit der Person selbst zu tun. Hier spielen individuelle Fähigkeiten und Kenntnisse eine entscheidende Rolle, insbesondere die Fähigkeit zur Stressbewältigung. Für pädagogische Fachkräfte heißt das auch: Wenn Sie (bei Ihnen Stress auslösendes) Verhalten von Kindern besser verstehen und einordnen können und außerdem lernen, typische stressbesetzte Situationen anders zu gestalten, sind Sie einen großen Schritt weiter. Inhaltliche und methodische Wissenserweiterung ist also ein Schlüssel, Überforderungssituationen entgegenzuwirken. So können Sie alternative Handlungsstrategien entwickeln. Manchmal hilft es schon weiter, die eigenen Gefühle besser erkennen und regulieren zu können. Vielleicht probieren Sie auch eine neue Methode aus (Übung macht den Meister!) und können sich über Erfolgserlebnisse freuen. Dazu möchten wir mit diesem Buch einen Beitrag leisten.

---

[2] zum Folgenden vgl. Rönnau-Böse, Meike; Fröhlich-Gildhoff, Klaus; 2010.

[3] zum Folgenden vgl. ebenda; S. 107ff.

Kapitel 1

Schwierige Situationen und Grenzen

In diesem Kapitel nähern wir uns der Definition von Grenzsituationen.
In Vorbereitung dieses Buches haben wir über einen längeren Zeitraum Kita-Erzieherinnen zu herausfordernden Situationen befragt, die sie mit Kindern erlebt haben. Wir haben ihnen drei Fragen gestellt.

Auf der nächsten Seite finden Sie zunächst diese Fragen, um sie selbst für sich einmal zu beantworten. Danach betrachten wir die Arten von Grenzsituationen, die uns genannt wurden, sowie die Ideen, die es für den Umgang damit gab. Abschließend zeigen wir Ihnen das wichtige Werkzeug des „pädagogischen Tagebuchs" und Sie lernen Paul kennen, der seine Erzieherin an ihre Grenzen brachte ...

Drei Fragen an Erzieherinnen

Was bringt Sie bei Kindern zur Verzweiflung/an Ihre Grenzen?

Was haben Sie von Kindern in solchen sogenannten Grenzsituationen gelernt?

Wie haben Sie (auch durch ungewöhnliche Methoden) eine schwierige Situation mit Kindern lösen können?

Was die Erzieherinnen geantwortet haben

Hier finden Sie nun wörtlich die Antworten, die wir von Erzieherinnen bekommen haben.

Was bringt Sie bei Kindern zur Verzweiflung/an Ihre Grenzen?

- „mehrfache Nichteinhaltung von besprochenen Regeln und Grenzen"
- „laute und störende Tischgespräche"
- „unruhiges Essen am Tisch, Umherlaufen"
- „Nichteinhaltung von Abläufen im Waschraum"
- „Abläufe beim An- und Ausziehen werden nicht eingehalten"
- „wenn das Kind nicht richtig eingewöhnt ist"
- „wenn die Eltern immer nur Negatives über die Kita erzählen"
- „freches Gegenanreden"
- „Anschreien"
- „Trödeln"
- „trotzige und aggressive Kinder"
- „wenn Kinder ‚das letzte Wort' haben müssen"
- „Wenn das Kind nicht auf mich reagiert, obwohl ich es mehrmals zu etwas aufgefordert habe"
- „Schimpfwörter, Fäkalsprache"
- „wenn sich Kinder gegenseitig wehtun, Übergriffe auf andere Kinder"
- „wenn Kinder ihre Eltern steuern und manipulieren (das halte ich schwer aus)"
- „wenn Kinder unaufhörlich weinen und klammern und sich nicht beruhigen lassen"
- „wenn das eigene Kind gemobbt wird"

Drei Fragen an Erzieherinnen

„Neulich ist ein Kind total ausgerastet, hat geschrien und mit Gegenständen geschmissen. Das hat mich aus der Bahn geworfen, ich war ohnmächtig, verzweifelt, hilflos; ich hätte weinen können."

Was haben Sie von Kindern in solchen sogenannten Grenzsituationen gelernt?

- „Das Kind ist mein Beobachter."
- „Das Kind hat mich lieb."
- „Die Änderung von Verhalten ist nicht oder nur eingeschränkt möglich."
- „Bei bestimmtem Verhalten von mir (Schimpfen) verstärke ich das ablehnende Verhalten des Kindes."
- „Mir geht es danach schlecht."
- „Ich habe gelernt, dass Vorwürfe die Kinder blockieren. Ich muss die Situation auch mal von außen betrachten und sollte nicht nur die Momentaufnahme bewerten."
- „Von Kindern habe ich gelernt, nichts oder nur wenig persönlich zu nehmen. Auch Kindern gelingt es schnell, zu verzeihen, und so versuche auch ich, nach schwierigen Situationen mit Kindern wieder Frieden zu schließen."
- „Ich habe gelernt, dass ich mir Fragen stellen muss: Warum ärgert mich das jetzt so? (Ich weiß, dass es immer was mit mir zu tun hat.) Habe ich dem Kind genügend Zeit zum Reagieren gelassen? Bin ich selbst ausgeglichen, wie geht es mir heute? Habe ich in der Situation das Richtige ausgewählt?"

Wie haben Sie (auch durch ungewöhnliche Methoden) eine schwierige Situation mit Kindern lösen können?

- „Ein Junge, der sehr wütend war und sich nicht beruhigen konnte, rannte mit mir in den Flur, weg von den anderen Kindern. Ich hatte das Gefühl, dass er Halt braucht, und habe ihn nach kurzem Zögern (weil ich unsicher war) umarmt und festgehalten. Erst hat er sich gewehrt und gestrampelt, doch ich war weiterhin bei ihm und hielt ihn und dann ist er ganz langsam immer ruhiger geworden."
- „Ein Mädchen konnte mittags einfach nicht einschlafen, es hat gequengelt und gejammert. Ich wusste mir erst keinen Rat, doch dann dachte ich mir: ‚Vielleicht zahnt sie ja'. Ich habe ihr Zahnfleisch massiert und nach wenigen Augenblicken schlief sie tief und fest ein."
- „Ich habe gute Erfahrungen damit gemacht, aus der Situation herauszugehen. Die Absprache mit den Kindern ist: Sie können mich darum bitten, zu gehen, oder sie bitten mich, selbst gehen zu können."
- „Ein Krippenkind, das in der Kita einfach nicht einschlafen konnte, hat letztlich die notwendige Ruhe, Entspannung und Sicherheit in seinem Kinderwagen gefunden, den die Eltern uns von zu Hause mitgebracht haben. Darin schläft es wunderbar."

Grenzsituationen
und der Umgang mit ihnen

Nähern wir uns erst einmal dem Begriff „Grenzsituationen“. Was sind sogenannte Grenzsituationen aus der Sicht pädagogischer Fachkräfte?

Antworten von Erzieherinnen:
- Ich komme an meine Grenzen.
- Jemand (das Kind oder Eltern) hält die Grenzen nicht ein.
- (Meine) Grenzen werden überschritten.

Wir gehen einen Schritt weiter und fragen:
- Wer kommt in bestimmten Situationen an seine Grenzen? Die Erzieherin oder das Kind – oder gar beide?
- Wer hält wessen Grenzen nicht ein?
- Sind Grenzen veränderbar?
- Wie sind diese Grenzen entstanden?
- Meinen Erzieherinnen mit Grenzüberschreitungen, dass Kinder Regeln nicht einhalten und/oder Normen nicht beachten (siehe auch Kapitel 5, Die Sache mit den Regeln) – was in der Folge Erzieherinnen an ihre Grenzen bringt?

Die Auseinandersetzung mit diesen Fragen und die damit zusammenhängende Änderung des Blickwinkels sind hilfreich, wenn Sie Situationen reflektieren möchten, die Sie als „Grenzsituationen“ erlebt haben. Möglicherweise erhalten Sie dabei schon erste Antworten und können besser verstehen, wie Sie und Kinder in eine mögliche Sackgasse geraten bzw. Konflikte eskalieren konnten.

Definitionen

Eine Grenzsituation ist eine Situation, in der wir nicht nach unseren gewohnten Schemata handeln können und die üblichen Maßnahmen zur Bewältigung nicht ausreichen. Karl Jaspers definiert Grenzsituationen als Grundsituationen der Existenz, die durch den Menschen nicht veränderbar seien, ihm aber ermöglichen, mehr Klarheit über sich und sein Dasein zu erlangen.[4]

„Auf Grenzsituationen reagieren wir nicht sinnvoll durch Plan und Berechnung, um sie zu überwinden, sondern durch eine ganz andere Aktivität, das Werden der in uns möglichen Existenz; wir werden wir selbst, indem wir in die Grenzsituationen offenen Auges eintreten.“[5]

Rolf Oerter und Leo Montada beschreiben es in ihrem Werk über Entwicklungspsychologie so: Der Mensch übernimmt Selbstverantwortung, weil er sich bestimmter Werte bewusst geworden ist – und Mitverantwortung, indem er Rücksicht auf die Werte anderer unmittelbar betroffener Menschen nimmt.[6]

Wenn Erzieherinnen also von Grenzsituationen im Umgang mit Kindern sprechen, meinen sie damit jene Situationen, in denen sie mit den ihnen vertrauten Methoden erst einmal scheitern, da diese nicht wie gewohnt funktionieren. Sie fühlen sich überfordert (siehe auch S. 6–9). Und vorbereiten konnten sie sich darauf auch nicht, denn unserer Grenzen werden wir uns meist erst in der betreffenden Situation bewusst. Was nun?

---

[4] vgl. im Folgenden Oerter, Rolf; Montada, Leo (Hrsg.); S. 984–986

[5] Jaspers, Karl; S. 204

[6] vgl. im Folgenden Oerter, Rolf; Montada, Leo (Hrsg.); S. 985

Grenzsituationen
und der Umgang mit ihnen

Wachsen an Grenzsituationen

Um eine Grenzsituation für alle Beteiligten erfolgreich zu meistern, braucht es zweierlei: Zuerst das Vermögen (die Kompetenz), die Grenzsituation als solche wahrzunehmen und sie entsprechend zu reflektieren. Anschließend braucht es den Willen, neue, alternative Lösungswege zu finden.

Grenzsituationen im Allgemeinen und mit Kindern im Speziellen bieten uns immer die Chance, etwas über uns und das Kind zu erfahren und durch eine gelingende Interaktion daran zu wachsen. Selbst wenn es Ihnen erst einmal nicht gelingt, eine schwierige Situation erfolgreich zu bewältigen, denken Sie daran: Auch Scheitern gehört zum Wachsen; es ist ein wichtiger Bestandteil von Lernen – auch wenn es kein angenehmes Gefühl ist. Es kommt darauf an, zu lernen, mit Niederlagen umzugehen, eigene Anteile selbstkritisch zu hinterfragen, Verantwortung für das eigene Handeln zu übernehmen und einen neuen Versuch zu starten (Wie oft plumpst ein Baby hin, bevor es laufen kann?).

Wie gut ist das Gefühl, eine herausfordernde Situation gemeistert zu haben! Wir fühlen uns gleich viel größer, aufrechter – wir sind gewachsen. Das gilt für alle Beteiligten, im Umgang mit Kindern also sowohl für die betroffene Erzieherin als auch für das beteiligte Kind. Die Erzieherin hat im besten Fall neue Handlungsstrategien entwickelt, die ihr Repertoire an pädagogischen Methoden erweitert. Diese ermöglichen ihr nun zukünftig (noch) besser, individuell auf die jeweilige (Grenz-)Situation und das Kind einzugehen. Das Kind erfährt durch eine zugewandte und sensible Reaktion der Erzieherin, dass es wahrgenommen, angenommen und ernst genommen wird – mit all seinen Grundbedürfnissen und Gefühlen. Dadurch unterstützt die Bezugsperson es auch dabei, Krisen und Konflikte erfolgreich zu meistern. Dies stärkt sein Selbstbild, seine Selbstwahrnehmung und sein Selbstvertrauen. Gleichzeitig lernt das Kind Lösungsstrategien kennen, die es bestenfalls in zukünftigen Situationen eigenständig anwenden kann.[7]

[7] vgl. Oerter, Rolf; Montada, Leo (Hrsg.); S. 985, 986

Das pädagogische Tagebuch

Ein pädagogisches Tagebuch dient sowohl der Reflexion eigenen Verhaltens als auch der differenzierten Auseinandersetzung mit kindlichen Verhaltensweisen. Alles, was dazu beiträgt, eine bestimmte Situation und die Interaktion mit dem Kind **besser zu verstehen**, ist relevant.

Die Erzieherin kann systematische Beobachtungen oder sporadische Momentaufnahmen notieren. Dabei geht es nicht ausschließlich um beobachtete Auffälligkeiten, sondern um das gesamte Spektrum des gezeigten Verhaltens.[8] Dadurch können auch besondere Interessen oder ungewöhnliche Lösungsideen des Kindes in Einzelsituationen wahrgenommen werden. Jutta Standop hat erläutert, wie man mit einem pädagogischen Tagebuch arbeitet. Dabei ist es hilfreich, möglichst viele Details zu notieren, wie Wahrnehmungen, Gedanken, Gefühle und Vermutungen. Dieses Festhalten von Details hat große Vorteile gegenüber einer Zusammenfassung. Denn im Spezifischen wird vieles deutlich, das in allgemeinen Aussagen verloren ginge.[9] In einem pädagogischen Tagebuch können

- Notizen im eigenen Schreibstil angefertigt werden,
- die Situation und das dabei gezeigte Verhalten konkret beschrieben werden,
- Ereignisse in Bezug zueinander erfasst und dargelegt werden,
- spontane Ideen für Lösungen umgehend notiert werden.

Die klaren Vorteile solch detaillierter Notizen:

- Sie machen eine vertiefende Reflexion des Geschehens oft überhaupt erst möglich.
- Zusammenhänge werden deutlich.
- Eigene Erwartungshaltungen können überprüft und korrigiert werden.[10]

Für ein pädagogisches Tagebuch empfiehlt sich ein dickes Notizbuch (im Format DIN A5 oder DIN A4) mit einem breiten Rand. Der Rand dient der Ergänzung von Notizen und Kommentaren.

---

8 vgl. Jürgens, Eiko; S. 75–76

9 vgl. Standop, Jutta; S. 21

10 vgl. Standop, Jutta; S. 21

Das pädagogische Tagebuch

Ein pädagogisches Tagebuch für Grenzsituationen

Jürgens und Standop haben in ihren Ausführungen das pädagogische Tagebuch für Grundschullehrerinnen vor- und dargestellt. Es wird jedoch deutlich, dass es sich in seiner Funktion auch sehr gut für Erzieherinnen eignet.

Daher legen wir Ihnen ans Herz, sich ein pädagogisches Tagebuch anzulegen – und zwar speziell für jene Situationen, die Sie als Grenzsituationen im Umgang mit Kindern erlebt haben. Ziel ist es, dass Sie die betreffende Situation, Ihr eigenes Verhalten und das Verhalten des Kindes möglichst umfassend verstehen und Zusammenhänge erkennen können.

Für Ihre persönlichen Notizen empfehlen wir Ihnen, sich die folgenden Fragen – soweit wie möglich – zu beantworten. Auf manche Fragen haben Sie vielleicht keine Antwort oder es fällt Ihnen spontan keine ein. In diesem Fall können Sie dank des Randes spätere Ergänzungen vornehmen. Setzen Sie sich bitte nicht selbst unter Druck, indem Sie denken, sofort alles vollständig beantworten zu müssen. Die Fragen sind Denkanstöße und manchmal braucht es Zeit, das wirken zu lassen. Oder Sie benötigen Zeit, um mehr über sich oder das Kind herauszufinden, bevor Sie Ihre Notizen vervollständigen.

Sie können sich diese Fragen als Übersicht auf der ersten Seite Ihres Tagebuchs notieren oder folgende Vorlage kopieren:

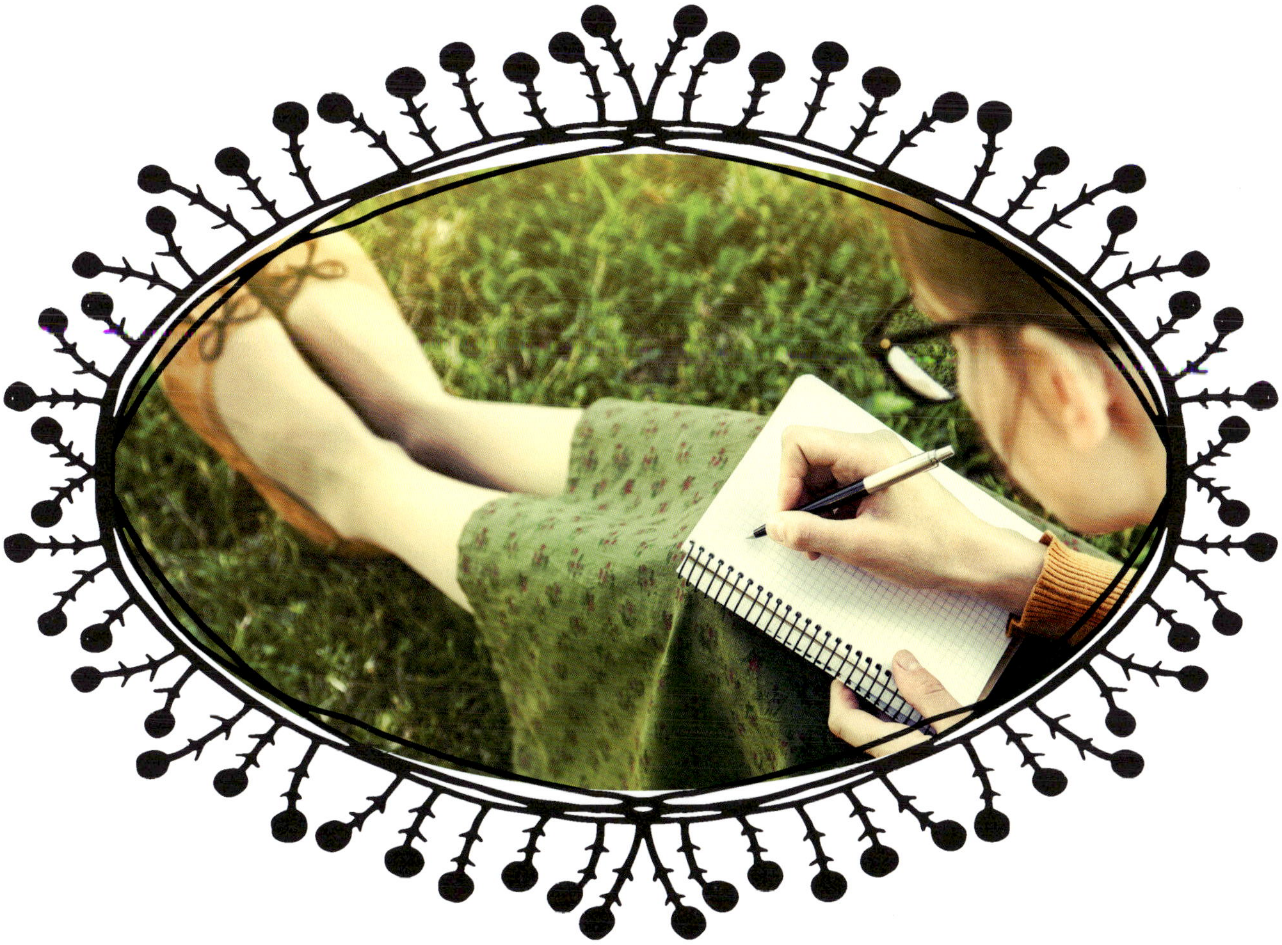

Das pädagogische Tagebuch
– Kopiervorlage –

Was genau ist passiert? (so detailliert wie möglich beschreiben)

Wie habe ich das Kind erlebt?

Wie habe ich mich selbst erlebt? Wie habe ich mich gefühlt?

Wann genau ist die Situation schwierig geworden?

Was genau empfand ich in der Situation am schwierigsten?
Was genau hat mich am meisten verunsichert, verärgert, enttäuscht ...?

Habe ich so etwas Ähnliches schon einmal mit dem Kind oder mit anderen Menschen erlebt?

Was weiß ich über das Kind? (Lebensumstände, Interessen, Vorlieben, Wesenszüge ...)

Kann ich Zusammenhänge zwischen seinem gezeigten Verhalten
und meinem gezeigten Verhalten erkennen?

Kann ich Rückschlüsse aus seiner aktuellen Lebenssituation auf sein gezeigtes Verhalten ziehen?

Ein ausführliches Beispiel

Paul und der Briefumschlag

Paul, ein fast 3-jähriger Junge, kam im Jahr 2000 neu in unsere Kita. An unserer Garderobe, den Handtuchhaken sowie dem Bettenschrank waren kleine Bildsymbole angebracht, damit Eltern, Großeltern, Erzieherinnen und das Kind wussten, welcher Platz dem Kind gehört. Die Symbole dienten auch dazu, dass das Kind selbstständig seine Sachen finden und nutzen kann. Zur Orientierung für uns Erwachsene hingen im Flur, im Bad und im Schlafraum Übersichten, in denen wir nachlesen konnten, welches Zeichen zu welchem Kind gehört.

Nun war es so, dass bei dem 24-teiligen Symbolset des Herstellers bereits alle Zeichen – bis auf ein einziges – vergeben waren. Übrig war noch der Briefumschlag und so beklebte ich am Vortag seines ersten Kitabesuchs Pauls Garderobenplatz, seinen Handtuchhaken sowie seinen Bettenschrank mit dem Briefumschlagssymbol. Als Paul am nächsten Morgen mit seinen Eltern in die Einrichtung kam, zeigte ich ihnen, welches Zeichen und damit welche Plätze für ihn bestimmt waren. Paul zog sich die Jacke aus und die Mutter hing diese an den dafür vorgesehenen Haken. Die Eltern verabschiedeten sich kurze Zeit später. Da ging Paul zu seinem Garderobenhaken, nahm seine Jacke, ging drei Plätze weiter und hängte sie an den Haken von Bruno. Als ich das sah, sprach ich ihn an: „Was machst du da, Paul? Dein Haken ist der Briefumschlag. Die Feuerwehr ist das Zeichen für Brunos Platz." Paul sah mich finster an und sagte laut: „Nein!" – „Wie, nein?", fragte ich irritiert. „Ich bin nicht der Umschlag, ich möchte die Feuerwehr sein!", verlangte Paul. Ich sagte ihm, dass das nicht ginge. Paul schlug vor, dass er ja **auch** die Feuerwehr sein könnte. Ich erklärte ihm, dass jedes Kind sein eigenes Symbol hätte und die Feuerwehr nun schon mal vergeben sei. Er wollte dann das Auto oder die Eisenbahn sein, aber auch diese waren bereits besetzt. So diskutierten wir eine gute Weile, jedoch ohne zu einem Ergebnis zu kommen. Paul beharrte darauf, dass er den Umschlag doof fände und etwas anderes sein wolle. Ich sagte noch, ich könne gut verstehen, dass er die Feuerwehr besser fände, aber das sei eben nicht zu ändern. Paul warf wütend seine Jacke auf den Fußboden und stampfte in den Gruppenraum. Ich hob etwas genervt über solch ein Temperament und seine Uneinsichtigkeit die Jacke auf und hängte sie wieder an.

In den kommenden Tagen spitzte sich die Situation drastisch zu. Immer wenn es darum ging, seine Sachen in der Garderobe anzuhängen oder sein Handtuch zu benutzen oder seine Matte aus dem Bettenschrank zu holen, spielten sich regelrechte Dramen und Machtkämpfe zwischen Paul und mir ab. Paul protestierte, Paul schrie, Paul riss seine Sachen vom Haken und warf sie auf die Erde. Oder er schmiss Sachen von anderen Kindern herunter, an deren Haken er dann anschließend seine Kleidung anhängte – was natürlich den Protest jener Kinder zur Folge hatte. Alles Reden, Erklären und Gut-Zureden meinerseits half nichts.

Auf einmal musste ich daran denken, dass die 5-jährige Yvette immer todunglücklich war, wenn sie einer neuen Praktikantin sagen musste, ihr Symbol sei das Huhn. Sie bekam dann jedes Mal einen roten Kopf, ihre Stimme wurde leise und man merkte ihr an, dass es ihr peinlich war. Außerdem nervte es mich regelmäßig selbst, wenn ich immer erst auf die Übersicht schauen musste, um den Platz für Maiks Jacke zu finden

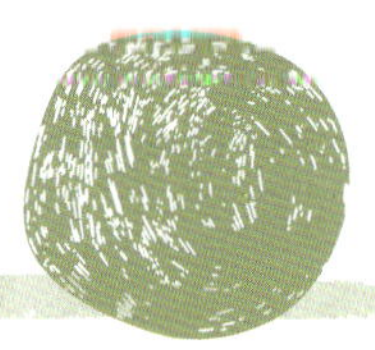

Ein ausführliches Beispiel

oder um den Krippenkindern sagen zu können, welcher Zahnputzbecher der ihre wäre. In meiner Verzweiflung hatte ich sogar überlegt, ob ich Bruno überreden könnte, mit Paul das Symbol zu tauschen, damit endlich wieder Ruhe herrscht. Aber das verwarf ich ganz schnell wieder. Es wäre ja nicht wirklich eine gute Lösung für alle gewesen, lediglich für Paul, aber nicht für Bruno. Auch Erweiterungssets gab es nicht und die anderen Anbieter hatten auch immer nur 24 Motive pro Set.

Und dann hatte ich endlich die zündende Idee: Warum denn eigentlich Symbole? Warum denn nicht Fotos? Schließlich kam der Fotograf regelmäßig in die Kita und jedes Kind bekam auch immer solche kleinen selbstklebenden Passfotos, die hatten genau die richtige Größe. Gesagt, getan. Innerhalb von einer Woche haben wir alle Symbole durch Fotos ersetzt, zur Freude aller, besonders Pauls. Nun konnten die Kinder sich wiedererkennen, die Eltern und Großeltern konnten sich besser orientieren und wir mussten nicht immer neue Kombinationen auswendig lernen, sobald ein Kind die Einrichtung wechselte. Ein schöner Nebeneffekt: Die platzraubenden Übersichten, die ja immer zeitnah aktualisiert werden mussten, verschwanden von den Wänden.

Und nun mit der Lupe

Was ich daraus gelernt habe? Gefühlsäußerungen von Kindern ernst zu nehmen! Sie mögen jetzt vielleicht denken: Na toll, da hat Paul ja nun seinen Willen bekommen und muss sich nicht einordnen. Ich sehe das etwas anders. Kinder sind Kinder und keine Zeichen. Paul ist Paul und kein Briefumschlag. Und Bruno ist Bruno und eben nicht die Feuerwehr. Wer von uns Erwachsenen möchte im Team oder auf einer Fortbildung nicht mit Namen angesprochen werden, sondern ein Symbol zugeordnet bekommen, z. B. das Weinglas oder ein Schweinchen? Genau! Niemand! Denn das wäre keine Wertschätzung unserer Person gegenüber. Kinder haben das gleiche Recht auf Wertschätzung und Achtung. Es darf also nicht lauten: „Nein, das geht nicht!“, sondern es bedeutet, sich Fragen zu stellen. Was ist die Motivation des Kindes, diese Regel nicht annehmen zu können? Wie fühlt es sich? Und wenn meine Erkenntnis in Bezug auf Paul und Yvette war, dass sie sich mit ihren Symbolen nicht gut fühlen, dann muss meine Überlegung lauten: „Wie kann es besser gehen?“

Inzwischen ist es in vielen deutschen Kindertagesstätten längst üblich, die Plätze oder Fächer der Kinder mit dem Foto (und manchmal auch mit dem Namen) zu versehen. Im Namen aller Kinder: „Dankeschön, dass ich ich selbst sein kann und kein Symbol sein muss.“

Kapitel 2

Gefühle, Verhalten und Handeln

Sowohl für das Verständnis von „Lernen“ als auch für die Reflexion erlebter (Grenz-)Situationen ist es wichtig, sich über die Bedeutung von Gefühlen und den Unterschied zwischen Verhalten und Handeln im Klaren zu sein. Die folgenden Ausführungen erklären, warum. Am Beispiel von Justin sehen wir, wie wichtig es ist, die Gefühle ernst zu nehmen.

Die Bedeutung von Gefühlen

Entscheidungen treffen wir nie nur auf Basis unseres Verstandes. Bei jeder Entscheidung spielen auch unsere Gefühle eine Rolle. Der Mensch braucht Gefühle, um sein Leben meistern zu können. Die vier Grundgefühle Freude, Trauer, Angst und Wut erfüllen jeweils einen bestimmten Zweck:

Grundgefühl	Bedeutung für das menschliche Leben
Freude	Lebensfreude ist die Hauptmotivation, sich täglich neu auf die Herausforderungen des Lebens einzulassen. Freude über das selbst Erreichte motiviert, nach neuen Anregungen Ausschau zu halten; sie erweitert den Blickwinkel. Der Mensch nimmt die Umwelt in ihrer Komplexität bewusst war und entdeckt so neue Dinge, die er erforschen, verstehen, können möchte.
Angst	Das Gefühl der Angst warnt Menschen vor Gefahren. Es ist überlebensnotwendig, in manchen Situationen lieber die Flucht zu ergreifen als sich der Gefahr auszusetzen bzw. sich von vornherein nicht leichtfertig Gefahren auszuliefern. Waren es in der frühen Evolutionsgeschichte oft Tiere und Naturereignisse, von denen für den Menschen eine Gefahr ausging, die sein Leben bedrohte, so sind es heute meist die Menschen selbst und die Herausforderungen der Zivilisation, die häufig als lebensbedrohlich oder als das eigene Wohl gefährdend empfunden werden.
Ärger (Wut)	Ärger hilft Menschen, äußere Rahmenbedingungen eigenverantwortlich ändern zu können. Um die Befriedigung seiner (Grund-)Bedürfnisse realisieren zu können, muss der Mensch auf sich aufmerksam machen, muss seinen Unmut äußern und sich gegebenenfalls zur Wehr setzen. Flucht ist nur in als ausweglos empfundenen Situationen eine Lösung. Wendet sich der Mensch jedoch dem Problem, dem Hindernis, der Bedrohung zu, so hat er die Möglichkeit der selbstbestimmten Lösung der Situation. Ärger gibt dem Menschen die Kraft, für seine Bedürfnisse zu kämpfen.
Trauer (Traurigkeit)	Die Trauer (Traurigkeit) hilft Menschen, wichtige Mechanismen des menschlichen Daseins zu verstehen und zu verarbeiten. Das Leben ist eine Abfolge von Gewinn und Verlust, Beginn und Abschied. Abschied und Loslassen sind wichtig, um sich dem Leben erneut zuzuwenden und sich auf die damit verbundenen Herausforderungen einzulassen. In der Trauer richtet der Mensch seinen Blick nach innen. Er spürt dem Verlust nach und verarbeitet diesen. Er bewahrt sich die Erinnerungen und Erfahrungen, die ihm nicht genommen werden können. Erst durch eine gelungene Trauerarbeit fängt der Mensch neu an, sich dem Leben zu stellen.

Die Bedeutung von Gefühlen

Unser Körper reagiert auf Gefühle. Wir lächeln oder lachen, wenn wir glücklich sind oder uns freuen. Wir erröten vor Scham oder weinen, wenn wir traurig sind. Wir zittern, wenn wir Angst haben – oder auch vor Wut. In der deutschen Sprache finden sich viele Redewendungen, die den Zusammenhang von Körpersignalen und Gefühlen verdeutlichen: „Ich hab sooo ´nen Hals!"; „Ich könnte weinen vor Glück!"; „Gesicht zur Faust geballt"; „Kloß im Hals"; „Ich habe weiche Knie"; „Ich könnte Bäume ausreißen!".
Die Prozesse, die durch Gefühle im menschlichen Körper ausgelöst werden, sind sehr komplex. So werden bei bestimmten Gefühlen Hormone ausgeschüttet, die es uns besser ermöglichen, auf die aktuelle Situation zu reagieren. Bei **Angst** wird das Stresshormon Adrenalin ausgeschüttet und gelangt vor allem in die Beine, unser Herz schlägt schneller, auch unser Atem verändert sich, oft fangen wir an, zu schwitzen. Der gesamte Körper bereitet sich instinktiv auf Flucht vor, um schnell aus der gefühlten Gefahrensituation wegrennen zu können. Ebenfalls Adrenalin wird bei **Wut und Ärger** ausgeschüttet, nur gelangt es dann in andere Körperregionen, vor allem in den Kopf und die Arme. Denn wir müssen uns der Situation stellen, eine Strategie entwickeln. Dazu muss unser Gehirn schnell arbeiten. Gleichzeitig bereiten wir uns auf einen möglichen Kampf vor: Wir machen uns groß, ballen die Fäuste, spannen unseren Körper an, beugen den Oberkörper bedrohlich nach vorn, machen ein finsteres Gesicht ... und wenn das den Gegner nicht einschüchtert, werden wir laut, schreien und greifen eventuell tatsächlich körperlich an. Ziel ist es, die Bedrohung abzuwenden. Bei **Freude** wird das sogenannte Glückshormon Dopamin ausgeschüttet, was unsere Motivation und unsere Antriebsbereitschaft steigert. Wir fühlen uns energiegeladen, jeder Herausforderung gewachsen. Und das kann sich durchaus leistungssteigernd auf unser Vorhaben auswirken.

Fotorahmen: © Lapetiteprune | stock.adobe.com

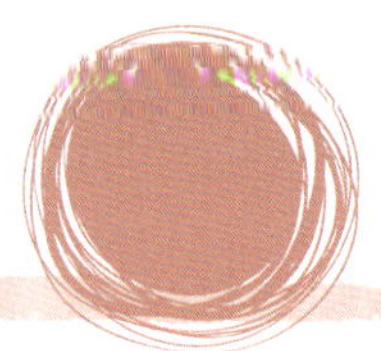

Die Bedeutung von Gefühlen

Etwas schwieriger zu erklären ist das Gefühl der **Traurigkeit**. Man kann allerdings davon ausgehen, dass der Mensch ein tiefes Bedürfnis nach engen emotionalen Bindungen hat. Dies könnte unter anderem durch ein Sicherheitsbedürfnis erklärt werden (ganz besonders deutlich bei Säuglingen). Unser eigenes Gefühl belohnt uns also sozusagen dafür, wenn wir eine enge emotionale Bindung haben, und reagiert mit negativen Emotionen, wie Traurigkeit, auf das Auflösen einer Bindung.

Je intensiver die ausgelösten Gefühle in einer Situation sind, desto stärker ist die Erinnerung an das Erlebte. Darüber hinaus bestimmen die Gefühle, die wir in einer Situation haben, wie wir uns zukünftig in ähnlichen Situationen verhalten – auch wenn uns das nicht bewusst ist. Zu Beginn ihres Lebens sind Kinder ihren Gefühlen (hilflos) ausgeliefert. Sie können sie noch nicht einordnen und verstehen. All die Situationen, in denen Gefühle ausgelöst werden, erleben sie ja zum ersten Mal; das führt zu sogenannten Ersterfahrungen. Sie müssen ihre Gefühle und die Gründe dafür also erst kennenlernen. Die Kinder sind darauf nicht vorbereitet. Sie erkennen sich selbst, ihren Körper, ihr Verhalten nicht wieder. Sie brauchen Begleitung und Unterstützung dabei, ihre eigenen Gefühle und die Gefühle anderer zu entdecken, sie anzunehmen und verarbeiten zu können. Ansonsten fühlen sie sich alleingelassen, haltlos und überfordert und das zeigen sie uns auf ihre Art und Weise.

Aus diesem Grund noch eine Anmerkung zum Gefühl der Wut im Zusammenhang mit der Betreuung von Kindern: Auf wütende Kinder reagieren Erwachsene häufig nicht mit dem gleichen Verständnis und der gleichen Zuwendung wie auf traurige, ängstliche oder fröhliche Kinder. Kinder, die wütend sind, werden oft bewertet und mit ihrer Wut alleingelassen. Das ist ein fatales Signal an das Kind, denn, was es dabei lernt, ist: Wut ist böse, Wut darf man nicht zeigen (oder, noch schlimmer: Wut darf man gar nicht haben). Wut ist jedoch, wie wir eben ausgeführt haben, ein wichtiges Grundgefühl, um sein Leben zu meistern. Es gehört zum Leben. Die wichtige Frage ist, wie wir damit umgehen. Es geht also darum, Kindern angemessene Wege aufzuzeigen, ihre Wut rauszulassen, sie zu verarbeiten (siehe auch Kapitel 6: Raufen, Rangeln, Toben). Dafür ist es zuallererst einmal notwendig, Wut als eines der menschlichen Grundgefühle zu verstehen und als solches ernst zu nehmen.

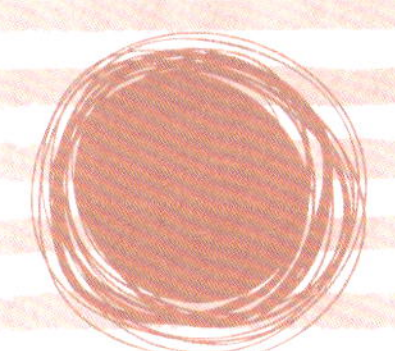

Verhalten versus Handeln – Absicht oder nicht, das ist hier die Frage!

Wie oft hören wir in Schilderungen über ein Kind Formulierungen wie: „Er hat mich provoziert!" oder „Das macht sie mit Absicht!". Ist das tatsächlich so? Könnte es auch andere Gründe oder Ursachen haben, die zu dem sichtbaren Verhalten eines Kindes führen?

Die Kernbegriffe, um die es sich bei solch einer Betrachtung dreht, sind Verhalten und Handeln. Als **Verhalten** wird die unbewusste Reaktion auf einen äußeren Reiz bezeichnet. Diese ist nicht geplant, es liegt kein vorher festgelegtes Ziel vor, das durch die Person angestrebt wird. Unter **Handlung** hingegen versteht man ein planvolles, bewusstes Vorgehen mit der Absicht, ein konkretes Ziel erreichen zu wollen. Sind also Verhalten und Handeln zwei verschiedene Dinge? Nein, es ist eine Frage der Interpretation/der Sichtweise, ob wir dem kindlichen Tun eine Absicht unterstellen oder nicht.

Unter dem Blickwinkel des Verhaltens können wir systemischer schauen, was das Kind unbewusst dazu bewegt hat, auf eine bestimmte Weise tätig zu werden. Wir gehen dann von einem auslösenden Reiz aus, der dazu geführt hat, dass das Kind so reagiert, sich so verhält. Wenn unser Ziel ist, das Kind zu **verstehen**, nehmen wir eine Perspektive ein, die nicht bewertet, sondern analysiert – getreu dem Prinzip: Das Kind hat ein Problem und es versucht, dieses zu lösen. Deshalb verhält es sich so.

Gehen wir in der gleichen Situation von einem Handeln des Kindes aus, **unterstellen** wir ihm eine Absicht, ein Ziel, das es bewusst erreichen will. Entsprechend bewerten wir sein Tun und interpretieren es hinsichtlich der unterstellten Motivation. Unsere Zielsetzung ist es dabei, die gerade in Grenzsituationen als problematisch erlebte Aktivität des Kindes zu unterbinden und zu korrigieren. Wir konzentrieren uns dann in unserer pädagogischen Arbeit eher auf die Änderung kindlicher Verhaltensmuster und nicht auf das Verstehen.

Noch einmal zusammengefasst: Verhalten und Handeln sind nicht verschiedene Aktivitäten in einer Situation, sondern sie verdeutlichen unterschiedliche Perspektiven der Deutung menschlichen Agierens in ein und derselben Situation. Unsere Perspektive bestimmt unser Bild vom Kind und, daraus resultierend, unseren Umgang mit Kindern. Ein Beispiel zum besseren Verständnis:

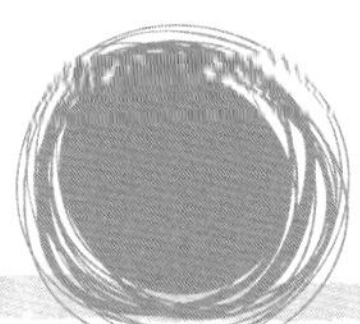

Verhalten versus Handeln – Absicht oder nicht, das ist hier die Frage!

Sam

Sam geht erst seit einigen Wochen in den Kindergarten. Er ist zwei Jahre und neun Monate alt. Es scheint ihm im Kindergarten nicht zu gefallen; die Erzieherin ist mit ihrem Latein am Ende. Sie findet, dass er verhaltensauffällig ist und deshalb dringend zusätzliche Förderung benötigt. Sie fühlt sich von ihm provoziert und glaubt auch, das mache er alles mit Absicht, um sie zu ärgern. Wenn er mal nicht da ist, ist sie froh. Dann erlebt sie den Kita-Alltag für alle viel ruhiger.

Ich bin heute in der Kita, um mir Sam einmal näher anzuschauen. Deshalb bin ich auch schon ganz früh gekommen, denn die Erzieherin hat mir vorher berichtet, dass es typische Situationen gibt, in denen Sam sich nicht an die Regeln hält. Sam ist noch nicht da. Die Erzieherin bereitet alles für das Frühstück vor, das es um 08:00 Uhr gibt. Alle Kinder räumen auf, holen sich einen Teller und eine Tasse und setzen sich hin. Da geht die Gruppentür auf und Sam wird von seiner Mutter gebracht. Als sie sich verabschieden will, klammert sich Sam an ihr Hosenbein. Die Erzieherin geht zu ihm, versucht, ihn zu beruhigen, und löst seine Hände vom Hosenstoff. Die Mutter ist ratlos, doch sie muss zur Arbeit. Die Erzieherin beschwichtigt sie und bittet sie, zu gehen, schließlich erlebt sie das ja nun seit Wochen. Die Mutter geht, Sam weint und will sich aus den Armen der Erzieherin befreien. Die Erzieherin sagt klar und bestimmt: „Nein, Sam, deine Mutter muss zur Arbeit. Du kannst jetzt nicht bei ihr sein. Wenn du immer weinst, macht sie das jedes Mal traurig!“ Sam schluchzt nur noch leise. Dann nimmt die Erzieherin seine Hand und redet auf ihn ein: „Schau mal, Sam, wir wollen gerade frühstücken. Setz dich zu uns, ich habe dir auch schon deinen Platz eingedeckt.“ Sam setzt sich nur widerwillig hin. Sein Blick ist düster. Die Erzieherin schiebt ihm den Teller und die Tasse hin und fragt, was er essen und trinken möchte. Sam schiebt schweigend beides von sich weg. Die Erzieherin sagt, er müsse etwas essen, und schiebt ihm das Geschirr wieder hin. Sam schiebt es erneut weg. Nachdem sich diese Szene einige Male wiederholt hat, wobei die Stimme der Erzieherin immer lauter und wütender wird, fegt Sam mit einem Schwung Teller und Tasse vom Tisch. Die Erzieherin hebt es auf und sagt: „So, das hast du jetzt davon, dann kannst du eben nicht mit uns essen!“ Sam scheint das nicht weiter zu stören, ruhig sitzt er am Tisch. Nach einigen Minuten, in denen die anderen Kinder es sich schmecken lassen, versucht die Erzieherin erneut, Sam dazu zu bewegen, etwas zu essen. „Schau mal, wie die anderen Kinder essen. Das sieht doch lecker aus, willst du nicht wenigstens mal probieren?“ Sofort verfinstert sich Sams Miene und er schüttelt energisch den Kopf. Die Erzieherin hört nicht auf, auf ihn einzureden. Er wird immer wütender, versucht, sich vom Tisch mit dem Stuhl wegzuschieben und aufzustehen. Die Erzieherin schiebt den Stuhl wieder ran und legt seine Hände auf den Tisch mit dem Kommentar: „Wir bleiben alle am Tisch sitzen, bis wir aufgegessen haben. Auch du, wenn du nichts isst!“ Nun beginnt Sam, die anderen Kinder zu stören. Er nimmt ihnen ihren Teller weg oder kneift seinen Tischnachbarn in den Arm. Die Kinder protestieren lautstark, worauf die Erzieherin ihn erneut maßregelt und „richtig“ hinsetzt. Von einer gemütlichen Essensatmosphäre ist nun gar nichts mehr zu spüren.

Endlich ist das Frühstück vorbei. Auf meine Nachfrage, warum sie ihn nicht einfach hat leise spielen lassen, während die anderen Kinder frühstücken, antwortet die Erzieherin: „Nein, dann kriegt er ja, was er will. Bei mir gibt es keine

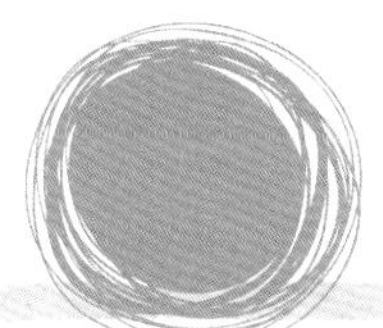

Verhalten versus Handeln – Absicht oder nicht, das ist hier die Frage!

Extrawurst. Nachher wollen noch mehr Kinder nicht frühstücken, und dann? Außerdem muss er was essen!" Meinen Hinweis, dass er ja trotz ihrer Bemühungen nicht gegessen hat und es für alle Anwesenden keine schöne Situation war, kommentiert sie mit: „Genau das mein ich ja. Das macht er mit Absicht und durch solche Sachen stört er unseren schönen Tagesablauf."

Ich beobachte weiter und mache mir Notizen. Heute ist Sporttag für die Gruppe. Dazu holen sich die Kinder ihren Turnbeutel aus der Garderobe, ziehen sich die Sportsachen an und gehen anschließend gemeinsam in den Sportraum am Ende des Flurs. Sam holt trotz wiederholter direkter Aufforderung nicht seine Sportsachen. Die Erzieherin schaut mich an und fragt: „Wissen Sie jetzt, was ich meine?". Nachdem alle Kinder – außer Sam – umgezogen sind, gibt die Erzieherin resigniert nach: „Na gut, dann kommst du eben so mit zum Sport!" Die Kinder stellen sich an der Gruppenraumtür in einer Reihe an. Die Erzieherin ermahnt alle noch einmal, leise über den Flur zu gehen, um die anderen Kinder nicht zu stören. Sam hat sich ganz hinten angestellt. Als die Kinder aus der Garderobe in den Flur gehen, hält Sam inne und läuft zurück in die Garderobe. Er setzt sich auf die Bank. Die Erzieherin geht zu ihm und fordert ihn auf, mitzukommen. Sam schüttelt energisch den Kopf. Die Erzieherin greift seine Hand und will ihn hochziehen. Sam schreit und schlägt um sich. Die Erzieherin ist völlig ratlos. Die anderen Kinder im Flur schauen erschrocken und werden unruhig, sie haben sich schon so auf den Sporttag gefreut. Ich schlage vor, dass sie schon einmal mit den Kindern vorgeht, und ich versuche, Sam zu überreden. Als wir allein sind, hocke ich mich vor ihn hin und frage ihn, ob er nicht mitkommen möchte zum Sport. Er schaut nach unten. Ich erzähle ihm, dass wir dazu in den Sportraum gehen, den Flur hinunter und nach dem Sport wieder zurück in den Gruppenraum kommen. Zögerlich steht er auf. Ich sage ihm, dass ich auch mitkomme und zuschauen möchte. Sam nickt und wir gehen gemeinsam in den Sportraum.

Sam setzt sich neben mich auf die Bank und schaut anfänglich nur zu. Als die Kinder einen Bewegungsparcours absolvieren sollen, merke ich, dass ihn das reizt, er wird ganz zappelig. Ich ermutige ihn, mitzumachen, und er gesellt sich zu den anderen. Als er an der Reihe ist, rennt er los. Manche Geräte nutzt er so, wie von der Erzieherin demonstriert, andere lässt er aus. Dann rennt er zurück und will es gleich noch einmal machen. Die Erzieherin hält ihn zurück und sagt: „Nicht vordrängeln, du bist nicht dran. Du musst dich hinten anstellen und warten, bis du an der Reihe bist." Sam versteht das nicht und stampft wütend mit dem Fuß auf. Die Erzieherin nimmt ihn an der Hand und führt ihn zum Ende der Schlange. Als sie ihn loslässt, rennt er nach vorn. Wieder stoppt ihn die Erzieherin und weist auf die Regel hin. Sam ist nicht einverstanden, er dreht sich um und setzt sich erneut neben mich auf die Bank. Für den Rest der Sportstunde ist er nicht mehr zu bewegen, etwas mitzumachen. Er schaut auch gar nicht mehr zu. Als sich alle anstellen sollen für den Rückweg in den Gruppenraum, ist Sam der Erste, der an der Tür steht und wartet, dass sie losgehen. Als wir über den Flur laufen, flüstert die Erzieherin mir zu: „Ich sag ja, er hält sich an keine Regeln und macht, was er will. Wenn es nicht nach seinem Kopf geht, macht er nicht mit!"

Das Mittagessen gestaltet sich wenig später ähnlich wie das Frühstück.

Verhalten versus Handeln – Absicht oder nicht, das ist hier die Frage!

Nach dem Mittagessen beginnen die Vorbereitungen für den Mittagsschlaf. Dazu gehen alle Kinder ins Bad, holen anschließend ihren Schlafanzug aus dem Rucksack und ziehen sich um. Inzwischen hat die Erzieherin im Gruppenraum für jedes Kind seine Matte mit entsprechendem Bettzeug aufgebaut. Sam kommt aus dem Bad und setzt sich neben seine Matte. Der wiederholten Aufforderung durch die Erzieherin, seinen Schlafanzug zu holen, kommt er nicht nach. Nach einigen Minuten geht die Erzieherin selbst in die Garderobe, holt den Rucksack, nimmt den Schlafanzug raus und legt ihn neben Sam auf die Matte. Dann wendet sie sich einem anderen Kind zu, das Hilfe braucht. Sofort nimmt Sam seinen Schlafanzug, rennt in die Garderobe und packt ihn zurück in seinen Rucksack. Als die Erzieherin das sieht, ist sie empört. Sie holt den Rucksack mit den Worten „So nicht, Sam! Jetzt reicht es aber! Du weißt, dass wir immer den Schlafanzug anziehen. Jeden Tag machst du dieses Theater!" und legt ihm den Schlafanzug erneut hin. Sam wirft den Schlafanzug durch den Raum und verschränkt die Arme. Die Erzieherin hebt den Schlafanzug auf und legt ihn wieder auf die Matte. Sie hockt sich vor Sam, hebt den Zeigefinger und sagt gebieterisch: „Du ziehst jetzt den Schlafanzug an!" Sam schreit los und strampelt wild um sich. Ich unterbreche die Situation, indem ich die Erzieherin bitte, nicht weiter auf Sam einzureden und sich um die anderen Kinder zu kümmern. Ich setze mich neben Sams Matte auf den Teppich. Nach einem Moment des Schweigens, in dem Sam mit gesenktem Kopf auf seiner Matte sitzt, frage ich ihn, ob er den Schlafanzug nicht anziehen möchte. Er schüttelt heftig den Kopf. Dann frage ich ihn: „Magst du dich denn in deinen Sachen einfach auf die Matte legen und ein wenig ausruhen?" Unschlüssig schaut er mich an. Ich schlage ihm vor, dass er ja einfach ein wenig liegen kann und sich die Geschichte, die die Erzieherin gleich vorliest, anhört. Wenn er mag, könne ich ja so lange bei ihm sitzen bleiben. Sam nickt und legt sich hin. Ich bleibe bei ihm während der gesamten Mittagsruhe. Sam schläft nicht, verhält sich aber ruhig.

Als um 14:00 Uhr seine Mutter kommt, rennt er ihr freudestrahlend in die Arme.

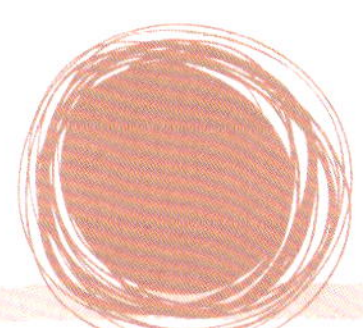

Verhalten versus Handeln – Absicht oder nicht, das ist hier die Frage!

Und nun mit der Lupe

Fassen wir zusammen, was passiert ist:

- Sam kann sich morgens nur schwer von seiner Mutter lösen, er weint.
- Zum Frühstück möchte er nichts essen und trinken.
- Zu Beginn des Sportangebots zieht Sam seine Sportsachen nicht an und möchte zuerst die Garderobe nicht verlassen. Beim Sportangebot macht Sam teilweise mit, hält sich jedoch nicht an die Regeln.
- Beim Mittagessen isst er wieder nicht mit.
- Bei der Mittagsruhe möchte er nicht den Schlafanzug anziehen, sondern bringt ihn immer wieder zurück in die Garderobe.

Die Erzieherin stört am meisten, dass Sam ihren Aufforderungen nicht nachkommt und sich nicht an die Regeln hält. Sie empfindet das als Provokation.

Verändern wir nun unsere Perspektive, können wir Folgendes sehen:
Sam ist traurig, wenn er sich von seiner Mutter verabschieden muss. Die Trennung seiner Eltern ist noch nicht allzu lange her, die Mutter ist derzeit seine einzige verlässliche Bezugsperson. Er ist nach den wenigen Wochen noch nicht richtig in der Kita angekommen, er ist nicht erfolgreich eingewöhnt. Er hat noch keine sichere Bindung zur Erzieherin aufgebaut. Das erkennt man an typischen Situationen im Tagesablauf unter Berücksichtigung der Erkenntnisse der Bindungstheorie (siehe auch „David braucht Nähe" Seite 82). Die wesentlichen Merkmale einer gelungenen Eingewöhnung sind:

- Das Kind lässt sich nach der morgendlichen Trennung von den Eltern zeitnah von der Bezugserzieherin trösten und beruhigen.
- Das Kind nimmt Nahrung und Getränke von der Erzieherin an.
- Das Kind lässt sich pflegen bzw. bei seiner Körperpflege unterstützen (Wickeln, Waschen, Eincremen etc.)
- Das Kind schläft mittags bzw. kommt zur Ruhe und entspannt sich.
- Das Kind greift Spielimpulse der Erzieherin auf; es lässt sich auf den Kita-Alltag ein.

Sam lässt zum geschilderten Zeitpunkt lediglich teilweise zu, dass er in seiner Körperpflege unterstützt wird, und nimmt einzelne Spielangebote an. Daraus lässt sich schlussfolgern, dass er noch kein verlässliches Vertrauen zur Erzieherin aufgebaut hat. Denn nichts anderes bedeutet Bindung: Ich vertraue dir, dass du meine Grundbedürfnisse erkennst und für mich sorgst, denn ich kann es noch nicht allein. Dieser Vertrauensaufbau ist maßgeblich von der Beziehungsqualität abhängig, mit der die Erzieherin dem Kind begegnet und entsprechend handelt. Zum Zeitpunkt der Hospitation erfährt Sam durch die Erzieherin wenig Trost und Verständnis für seine Traurigkeit. Im weiteren Tagesverlauf nimmt sie seine Signale nicht wahr und bewertet ihn für sein Verhalten.

Verhalten versus Handeln – Absicht oder nicht, das ist hier die Frage!

Was hätte sie tun können?

Zuerst einmal Sams Traurigkeit ernst nehmen, ihm Halt und Trost bieten. Dafür hätte sie Zeit gehabt, denn für das Frühstück war alles vorbereitet worden, sodass die Kinder selbstständig essen konnten. Sie hätte ihm anbieten können, dass er sich einfach mit dazusetzt, ohne etwas essen zu müssen. Er hätte auch leise spielen können – dann hätte er bekommen, was er in diesem Moment brauchte. Dass die Erzieherin für diese „Extrawurst", wie sie es nannte, nicht bereit war, hat keine pädagogischen Gründe, sondern vermutlich persönliche (siehe auch Kapitel 5, Unser Bild vom Kind). Bei der Vorbereitung zum Sportangebot hat Sam erst dann „auffällig" reagiert, als es darum ging, die Garderobe zu verlassen. Er wirkte fast panisch. Dies kann durchaus so gedeutet werden, dass ihm die Raumveränderung Angst macht, er nicht sicher ist, wieder zurück in den Raum zu kommen, in dem ihn seine Mutter abgegeben hat und wieder abholen wird. Hier wären Aufklärung und Beruhigung nötig gewesen. Die Regeln beim Sport muss Sam erst lernen. Hier wäre es wichtig gewesen, die Freude darüber zu zeigen, dass er überhaupt mitmacht, und ihm ruhig zu erklären, warum er warten müsse. Die Erzieherin hätte ihm helfen können, das Warten auszuhalten, indem sie weiterhin in direktem Kontakt mit ihm bleibt und sie z. B. gemeinsam zuschauen, wie die anderen Kinder es machen. Auch mittags hätte Sam die Chance haben müssen, einfach nur am Tisch zu sitzen, um sich mit der Situation vertraut zu machen, die Atmosphäre als angenehm zu erleben und somit auch Appetit entwickeln zu können. Die größte Stresssituation erlebten beide, die Erzieherin und Sam, beim Übergang in die Mittagsruhe, als er seinen Schlafanzug holen sollte. Sam kann die Situation noch nicht richtig einschätzen, sie macht ihm offenbar Angst. Den Schlafanzug anzuziehen, könnte für ihn bedeuten, hier im Kindergarten zu bleiben und zu schlafen, was er vorher nur zu Hause bei seiner Mutter getan hat. Eine naheliegende Deutung wäre also, dass er Angst hat, in der Kita bleiben zu müssen. Ausruhen ohne Schlafanzug könnte ihm das Gefühl geben, anschließend wieder nach Hause zu seiner Mutter zu kommen.
In der Auswertung haben wir uns darauf verständigt, dass die Erzieherin unter diesem Blickwinkel Sam neu begegnet. Wir beschließen, dass sie die kommenden Wochen als verlängerte Eingewöhnung betrachtet, in der sie Sams Signale bewusst wahrnimmt, versucht, diese zu entschlüsseln, und sensibel und angemessen darauf reagiert. Vier Wochen später war ich erneut in der Einrichtung und erkundigte mich nach Sam. Die Erzieherin berichtete freudestrahlend, dass es funktioniert hätte. Sam lässt sich nach kurzer Zeit trösten und beruhigen, isst inzwischen mit, spielt mit anderen Kindern und lacht oft. Nach und nach kennt er die Regeln und kann sie meistens einhalten. Mittags schläft er ein, wenn sich die Erzieherin nach dem Vorlesen noch einen Moment neben ihn setzt. Die Erzieherin hat erkannt, dass Sam sich erst dann an den Tagesablauf gewöhnen und die neuen Regeln einhalten konnte, als er sich sicher fühlte – sicher im Sinne von ernst genommen, angenommen, geliebt, begleitet und unterstützt.

In diesem Beispiel werden mehrere Aspekte deutlich: zum einen die Bedeutung der Gefühle, denen Sam ausgesetzt ist und die sein **Verhalten** bestimmen (Traurigkeit, Angst und Wut). Zum anderen zeigt sich, wie bedeutsam der Aufbau einer sicheren Bindung für Kinder ist; sie ist die Grundlage dafür, dass sie sich wohlfühlen und sich auf das Leben, in diesem Fall auf den Kita-Alltag, einlassen können. Nur so können sie lernen und sich entwickeln.

Kapitel 3

Wie zeigt sich Lernen?

Unter Lernen verstehen wir die Prozesse, die dazu führen, dass eine kontinuierliche Verhaltensveränderung stattfindet. Lernen kann auf unterschiedlichen Wegen erfolgen. Aufgrund von **Beobachtungen** und/oder **Erfahrungen** wird auf den gleichen, wiederholt auftretenden Reiz nach der ersten Situation dauerhaft anders reagiert. Grundlage hierfür sind angeeignetes Wissen, Fähigkeiten und Fertigkeiten. Sicherlich kennen Sie Aussagen wie: Lernen am Beispiel, Lernen durch Irrtum, Lernen im Alltag, Lernen durch Vorbild usw.

Wie Lernen nun genau bei jedem Einzelnen abläuft, ist nicht unmittelbar beobachtbar, es sind sogenannte innere Prozesse. Zu sehen ist das Resultat: Ein Mensch verhält sich in wiederkehrenden, sich ähnelnden Situationen anders als beim ersten Mal. Berücksichtigen wir die Formulierung „Lernen durch Beobachtung und/oder Erfahrung", so können wir jedoch typische Situationen erkennen, die mit sehr großer Wahrscheinlichkeit das Lernen eines Kindes zeigen.

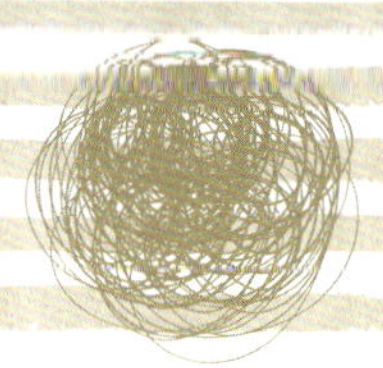

Lernen durch Sinneswahrnehmung

Wahrnehmen bedeutet, etwas mit den Sinnen zu erfassen und zu verstehen. Die Wahrnehmung gilt als Wurzel jeder Erfahrung. Durch unsere Sinne nehmen wir Reize wahr und machen erste Erfahrungen. Zu Beginn unseres Lebens sind wir unseren Sinneswahrnehmungen erst einmal „nur" ausgesetzt. Durch wiederholte Erfahrungen beginnen wir, bestimmte Reize auszublenden, da wir diese wiedererkennen, zuordnen und verarbeiten können. Wir lernen und stimmen unser Handeln darauf ab.

Unsere Sinne sind: Hören, Riechen, Schmecken, Sehen, Fühlen, der Gleichgewichtssinn und der Muskel-Gelenk-Sinn (auch kinästhetische Wahrnehmung genannt). Diese Sinne ermöglichen uns die Verarbeitung unterschiedlicher Reize bzw. komplexer Reize durch das Zusammenspiel unserer Sinne.

Beim **Hören** werden akustische Reize über das Ohr wahrgenommen, z. B. Lautstärke, Tonlage, Melodien, Rhythmus, Geräusche, Sprache (Wörter und Sätze). Durch Hören erkennen wir das Muster unserer Muttersprache. Hören ist eine wesentliche Voraussetzung für Sprechenlernen. Beim **Sehen** werden optische Reize über das Auge wahrgenommen, z. B. Farben, Muster, Entfernungen, Menschen, Gegenstände und Bewegungen.

Beim **Riechen** werden chemische Reize über die Nase wahrgenommen, z. B. Düfte, Gerüche.

Beim **Schmecken** werden chemische Reize

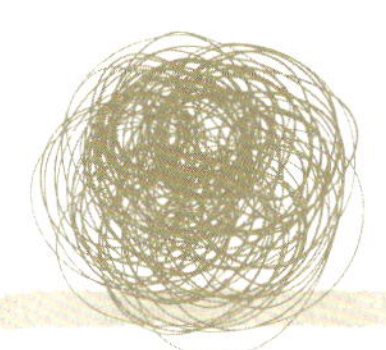

Lernen durch Sinneswahrnehmung

über die Zunge wahrgenommen, z. B. süß, sauer, salzig, bitter und umami (aus dem Japanischen für herzhaft, vollmundig). Beim **Fühlen** werden Reize taktil/haptisch über die Haut wahrgenommen, z. B. kalt oder warm, glatt oder rau, weich oder hart. Der **Gleichgewichtssinn** dient der Bewegungskoordination und Balance sowie der Orientierung des Körpers im Raum. Im Zusammenspiel von Innenohr, Kleinhirn und häufig auch den Augen werden Reize wahrgenommen, wie z. B. oben und unten, Raum-Lage-Beziehungen, Neigungen und Winkel. Über die **Muskeln und Gelenke** werden Reize verarbeitet, die es uns ermöglichen, unseren Körper wahrzunehmen. Zu Beginn unseres Lebens reagieren wir reflexartig auf einen Reiz. Durch das Spüren unserer Körperteile, das Erleben von Anspannung und Entspannung und durch Wiederholungserfahrungen sind wir später in der Lage, Bewegungen bewusst zu steuern – und somit z. B. Laufen zu lernen.

Unsere Sinne sind unser Zugang zur Welt. Die wahrgenommenen Reize sind verbunden mit Gefühlen. Ich erlebe einen Reiz als lustvoll, wohltuend oder schmerzhaft. Entweder suche ich den Reiz erneut, weil ich ihn als angenehm empfinde, oder ich versuche, ihn zu vermeiden, wenn ich unangenehme Gefühle mit ihm verbinde.

Wenn Kinder also etwas in die Hand oder den Mund nehmen, wenn sie Geräuschen andächtig lauschen oder diese selbst erzeugen, wenn sie überall hineinsehen, wenn sie an allem riechen müssen, wenn sie kippeln oder auf Bäume klettern, dann machen sie entsprechende Sinneserfahrungen. Sie lernen.

Lernen durch Beobachten

Beobachten ist mehr als Sehen. Sobald ich die Augen öffne, sehe ich und reagiere (unbewusst) auf optische Reize. Wenn ich jedoch beobachte, dann habe ich mich entschieden, was oder wen konkret ich betrachte. Ich nehme bewusst wahr. Das heißt, ich widme meine gesamte Aufmerksamkeit dem Objekt meines Interesses, sei es eine Person, ein Gegenstand oder eine Situation, in der mehrere Menschen agieren. Sowohl meine Gedanken als auch mein Fühlen sind darauf ausgerichtet. Ich bin im Hier und Jetzt und lasse mich voll und ganz auf das zu Beobachtende ein; ich konzentriere mich.

Ein Beispiel zum Unterschied von Sehen und Beobachten: Wenn ich nach der Arbeit mit dem Auto meine typische Strecke nach Hause fahre, achte ich auf die Fahrbahn, die Ampel und andere Verkehrsteilnehmer. Ich sehe und verarbeite die damit verbundenen Reize. Zu Hause angekommen, fragt mich mein Sohn dann, wie mir im Nachbarort der neue Anstrich vom letzten Haus gefällt. Ich schaue ihn verständnislos an, weil ich das nicht bewusst wahrgenommen habe. Warum? Weil ich mit meinen Gedanken entweder beim heutigen Seminar oder dem noch zu erledigenden Einkauf war. Ich habe lediglich jene optischen und akustischen Reize sinnlich wahrgenommen, die bedeutsam dafür waren, dass ich keinen Unfall verursache. Ich habe also unterschieden zwischen wichtig und unwichtig.

Wenn ich beobachte, habe ich die Entscheidung getroffen, dass das zu beobachtende Objekt wichtig ist. Ich konzentriere mich mit meiner Wahrnehmung vollkommen darauf und blende alle anderen Reize aus, die nicht unmittelbar damit zu tun haben.
Wenn Kinder beobachten, kann man das sehr gut erkennen. Dann sind ihre Augen groß und sie lassen sich nicht ablenken. Versperrt unerwartet etwas ihren Blick, versuchen sie umgehend, wieder freie Sicht zu erlangen. Schon allein durch Beobachten können viele Lernfragen beantwortet werden, z. B.: Wie sieht etwas aus? Was macht jemand ganz genau, wie und womit?

Immer wieder erzählen uns Erzieherinnen von Kindern, die sehr zurückhaltend sind, selten etwas mitmachen und immer etwas abseits sitzen, mit Blickrichtung auf das Geschehen. Sie sehen sehr aufmerksam zu, wer was macht. Deren Eltern berichten dann oft, dass zu Hause der Mund des Kindes gar nicht stillstehen würde. Minutiös schildert das Kind den ganzen Tagesablauf, inklusive aller stattgefundenen Gespräche zwischen der Erzieherin und anderen Kindern. Das Kind kann zu Hause sogar ganze Gedichte, Lieder oder Geschichten erzählen, ohne ein einziges Mal in der Kita mitgesungen zu haben. An diesem Beispiel ist gut erkennbar, dass Beobachten oft auch einhergeht mit bewusstem Zuhören. Auch wenn ein Kind nicht unmittelbar an einer Situation beteiligt war, kann es lernen – im genannten Beispiel Interaktionsmodelle, Sprache, Liedtexte und Melodien.

Wir haben sowohl Eltern als auch Erzieherinnen erlebt, die nur flüchtig hingeschaut haben, wenn ein Kind ihnen etwas gezeigt hat, z. B. etwas selbst Gemaltes oder Gebautes. Wenn man in diesem Augenblick die Erwachsenen aus der Situation nehmen und fragen würde, was genau sie gesehen haben, würden viele nicht im Detail benennen können, was das Kind ihnen gerade gezeigt hat. Denn sie haben zwar hingesehen, aber nicht bewusst wahrgenommen, nicht beobachtet. Warum? Sie waren, wie es so oft bei uns Erwachsenen der Fall ist, nicht wirklich im Hier und Jetzt beim Kind, sondern in Gedanken woanders. Haben die Erwachsenen in der Situation etwas gelernt? Eher nicht. Dabei hätten sie durch bewusstes Hinschauen so viel über das Kind erfahren können. Eine vertane Chance.

Lernen durch Begreifen

Warum nehmen kleine Kinder alles in den Mund? Haben sie immer Hunger oder glauben sie, alles sei essbar? Warum müssen größere Kinder immer alles anfassen, obwohl man doch schon 100-mal gesagt hat: „Fass das nicht an, nur anschauen!"?

Die Antwort ist ganz einfach: Kinder wollen die Welt begreifen. In dem Wort „begreifen" steckt das Wort „greifen" – und genau dazu dienen der Mund und später die Hände; es sind Greifwerkzeuge. Etwas nur anschauen und betrachten zu dürfen, es also lediglich zu **sehen**, ermöglicht dem Kind nur eine begrenzte Informationszufuhr. Der Sehsinn ist bekanntlich ein Fernsinn; das heißt, ich nehme etwas mit einem gewissen Abstand wahr. Kann ich zusätzlich keine anderen Sinne nutzen, erhalte ich nur einen optischen Eindruck von der Wirklichkeit, der im Übrigen auch falsch, also eine Täuschung sein kann.

Wenn Kinder das Objekt ihrer Begierde, ihres Interesses, hingegen berühren können, erfahren sie sehr viel mehr darüber, z. B.:

- Ist es kalt oder warm? (Temperatur)
- Ist es rau oder glatt? (Oberflächenbeschaffenheit)
- Ist es weich oder hart? (Materialzustand)

Die Motivation des Begreifens liegt darin, zu abstrakten Begriffen innere Bilder entstehen zu lassen und später zuordnen zu können. Dies dient auch in großem Maße der Sprachentwicklung. Das Kind macht sich ein Abbild von der Welt. Es versucht, zu **verstehen**. Es möchte verstehen, wie etwas funktioniert oder auch nicht, was man mit Dingen alles anstellen kann, was Menschen tun (und aus welchen Gründen sie es tun) und warum es manche Regeln gibt – es möchte **erfassen**, wie die Welt beschaffen ist. Dafür muss ein Kind in direkten Kontakt mit der Wirklichkeit treten; es muss etwas anfassen, in den Mund nehmen, daran riechen, es schmecken und untersuchen dürfen. All das sind die zuvor beschriebenen wichtigen Sinneserfahrungen. Manchmal nehmen wir Kindern die Möglichkeit der umfassenden eigenen Erfahrung – um sie vor Gefahren zu schützen oder weil wir glauben, ihnen eine Enttäuschung ersparen zu müssen. Wir glauben zu wissen, dass etwas schiefgehen wird oder nicht funktioniert. Ent-Täuschung durch Erfahrung ist aber auch entwicklungsfördernd. Ich stelle nämlich fest, dass nicht alles so ist, wie es scheint. Ein altbekanntes Beispiel: Man stellt einem Kind zwei unterschiedlich geformte Glasgefäße mit dem gleichen Volumen hin: ein schmales, hohes und ein breites, flaches. Dann wird das Kind gefragt, in welches Gefäß seiner Meinung nach mehr Flüssigkeit – oder ob in beide die gleiche Menge passt. Die meisten Kinder (übrigens auch die meisten Erwachsenen) halten allein aufgrund des optischen Eindrucks ein bestimmtes Gefäß für größer und glauben, dass dort mehr hineinpasst als in das andere. Erst die Überprüfung durch Einfüllen von Flüssigkeit beweist den Trugschluss und führt zu der Erkenntnis, dass beide Gefäße gleich viel aufnehmen können.

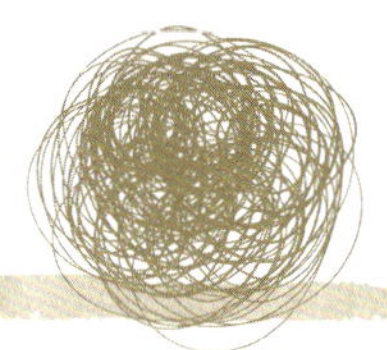

Lernen durch Begreifen

Ein Kind will und muss eigene Erfahrungen sammeln

Hat das Kind dadurch, dass wir ihm eine eventuell enttäuschende Erfahrung erspart haben, etwas lernen können? Hat es verstanden, **warum** etwas nicht funktioniert oder gefährlich ist? Nein. Was es gelernt hat, ist: Die Erzieherin weiß es (besser). Für sein Selbstwertgefühl ist das nicht förderlich. Das Kind erlebt sich als zu klein, etwas selbst herauszufinden, als zu dumm. Darüber hinaus ist es wirklich enttäuscht – und zwar, weil es nicht selbst ausprobieren und forschen durfte. Vielleicht ist es sogar wütend, weil es in seinem Lernen unterbrochen wurde. Das kann dazu führen, dass erst recht „etwas passiert", wie die folgenden Situationen zeigen.

Begreifen – Die heiße Tasse

Eine Krippengruppe früh am Morgen: Die Erzieherin sitzt am Tisch, vor ihr steht eine Tasse mit heißem, dampfendem, duftendem Tee. Den hat sie sich gemacht, weil es kalt ist und sie seit letzter Nacht leichte Halsschmerzen verspürt. Nina kann gerade laufen, bis eben hat sie sich in der Kuschelecke ein Bilderbuch angeschaut. Als sie aufschaut, sieht sie, wie die Erzieherin gerade aus ihrer Tasse trinkt. Beim Abstellen kann Nina beobachten, wie Dampf aus der Tasse steigt. So etwas hat sie zuvor noch nicht gesehen. Ihr Interesse ist geweckt. Sie richtet sich auf und geht, noch etwas wackelig, auf die Erzieherin zu, den Blick dabei die ganze Zeit auf die Tasse gerichtet. Die Erzieherin nimmt wahr, dass das Mädchen auf sie zuläuft. Als Nina einen Meter vom Tisch entfernt ist und schon die Hand ausstreckt, sagt die Erzieherin laut und deutlich: „Nein, Nina. Stopp, der Tee ist heiß!" Dabei macht sie ein ernstes Gesicht und unterstreicht ihre Aussage durch Kopfschütteln und verneinendes Handwinken. Nina hält in ihrer Bewegung inne, schaut die Erzieherin aufmerksam und erschrocken an. Diese wiederholt noch einmal, erneut kopfschüttelnd: „Nein, Nina, das darfst du nicht anfassen!" Nina dreht sich um und sucht sich etwas anderes zum Spielen. Als die Erzieherin kurze Zeit später kurz zur Tür geht, schaut Nina zu der noch immer dampfenden Tasse. Sie steht auf und läuft, so schnell sie kann, an den Tisch. Dann streckt sie ihre Hand aus und berührt die Tasse mit der ganzen Handfläche. Im nächsten Augenblick schreit sie vor Schmerz laut auf. Die Erzieherin dreht sich um, sieht sofort, was passiert ist, tröstet Nina und versorgt die Hand, indem sie pustet und einen kaltes, feuchtes Tuch darauflegt. Dabei sagt sie zu Nina: „Siehst du, ich hab dir doch gesagt, die Tasse ist heiß!".

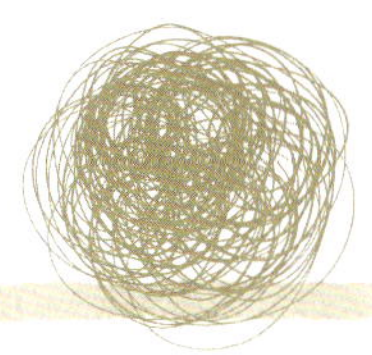

Lernen durch Begreifen

Und nun mit der Lupe

Ninas Lerninteresse war durch diverse Sinneserfahrungen geweckt. Sie hat den Tee riechen und den Dampf sehen können. Um herauszufinden, was da so duftet und dampft, geht sie neugierig auf die Teetasse zu. Die Erzieherin greift in die Situation ein und unterbricht Nina, damit diese sich nicht verletzt, sich an der heißen Tasse nicht verbrennt oder gar verbrüht. Nina hat die Regel scheinbar angenommen und wendet sich ab. Reagiert hat sie jedoch lediglich auf den Tonfall, den Gesichtsausdruck und die Gestik der Erzieherin; sie hat verstanden, dass etwas verboten ist. Die Erzieherin hätte aber auch jedes andere Wort, z. B. „Druschba" (Russisch für „Freundschaft") auf diese Art und Weise sagen können und die gleiche Wirkung erzielt. Denn Nina kann mit dem abstrakten Begriff „heiß" noch kein inneres Bild verbinden, sie weiß nicht, was „heiß" bedeutet. Ihr Lerninteresse ist demnach nicht gestillt. Und so kommt es, dass Nina, als sich die Gelegenheit bietet, entgegen dem ausgesprochenen Verbot zur Tasse geht, nach ihr greift und sich wehtut. Sie hat jetzt **begriffen**, was „heiß" bedeutet, aber das hätte auch weniger schmerzvoll geschehen können.

Alternatives pädagogisches Handeln

Als die Erzieherin sieht, dass Nina auf den Tisch zuläuft, um nach der Tasse zu greifen, hätte sie eingreifen können und müssen, aber eben anders. Beispielsweise so: Einen halben Meter vor dem Tisch lenkt sie die Aufmerksamkeit auf sich, indem sie das Mädchen direkt anspricht. „Achtung, Nina, pass auf!" Nina hätte ihren Weg garantiert unterbrochen und die Erzieherin fragend angeschaut. Dann sagt die Erzieherin: „Du musst ganz vorsichtig sein, der Tee ist heiß! Komm, ich zeig es dir." Sie nimmt Ninas Hand und führt sie vorsichtig und langsam in die Nähe der Tasse, sodass Nina die Temperaturveränderung spüren kann. Dabei sagt sie mit ernstem Gesicht: „Merkst du die Wärme? Der Tee ist ganz heiß, da muss ich pusten, bevor ich ihn trinke, und ich kann nur hier am Henkel anfassen." Dabei führt sie Ninas Finger an den Henkel, sie spürt die Wärme der Tasse. Die Erzieherin berührt die Tasse selbst kurz am Bauch und ruft mit schmerzvollem Gesicht aus: „Au, das ist heiß!". Die Wahrscheinlichkeit, dass Nina ein inneres Bild zum Begriff „heiß" entwickelt und gleichzeitig die Regel „Bei heiß muss man vorsichtig sein!" als Erkenntnis abspeichert, ist groß – im Gegensatz zur erstbeschriebenen Situation.

Macht ein Kind wiederholt die Erfahrung mit Erwachsenen, dass diese lieber lang und breit erklären („Erklärbär"), anstatt das Kind achtsam bei seinen eigenen Erfahrungen zu begleiten, dann passiert Folgendes: Es lässt den Redeschwall über sich ergehen und probiert bei der nächstbesten Gelegenheit unbeobachtet selbst aus, was ihm verwehrt wurde. Denn seine Neugier ist geweckt und es hat noch so viele Fragen! Sein Forscherdrang ist durch die abstrakten Ausführungen der Erwachsenen nicht gestillt. Weiteres Beispiel gefällig?

Begreifen – Die Eisenbahn

Jasmin und Tarim sind Geschwister. Jasmin ist vier Jahre und Tarim zwei Jahre alt. Heute sind sie mit ihren Eltern bei einem Arbeitskollegen von Papa eingeladen. Nach dem Kaffeetrinken zeigt der Arbeitskollege den Kindern seinen ganzen Stolz. Im Gästezimmer, in dem die Kinder auch übernachten werden, steht mitten im Raum eine Platte mit elektrischen Modelleisenbahnen. Wie toll die sind! Mehrere Züge stehen auf Gleisen bereit, es gibt Schranken mit Lichtsignalen, Weichen, die man verstellen kann, und sogar einen Tunnel, durch den die Züge fahren können. Die Waggons sind sogar richtig bestückt mit klitzekleinen Kieselsteinchen, kleinsten Holzstückchen und Mini-Kohlestückchen. Der Arbeitskollege führt den Kindern eine halbe Stunde lang alles genau vor. Als sie fragen, ob sie auch mal dürften, sagt er streng: „Nein, dafür seid ihr noch zu klein!" Und so begnügen sich die Kinder mit Zuschauen und Bewunderung der Zugfahrten.

Dann spielen alle gemeinsam im Wohnzimmer Memory und schauen einen Zeichentrickfilm. Als die Kinder ins Bett gebracht werden, ermahnt der Arbeitskollege die Kinder noch einmal: „Finger weg von der Eisenbahn, die ist tabu!" Doch als die Kinder in ihren Betten liegen, müssen sie immer wieder an die Modelleisenbahn denken. Leise flüstert Jasmin: „Tarim, wollen wir die Eisenbahn nicht doch einmal fahren lassen? Wir sind ganz vorsichtig, dann passiert bestimmt nichts." Tarim ist sofort einverstanden. Sie schalten das kleine Nachttischlämpchen an und stehen leise auf. Jasmin ruft sich ins Gedächtnis, was genau der Arbeitskollege angefasst, gedreht und gedrückt hat und wiederholt diese Schritte zaghaft. Und siehe da, die Züge setzen sich tatsächlich in Bewegung! Die Kinder müssen aufpassen, vor Begeisterung nicht laut loszujubeln. Nun werden sie mutiger, sie schalten die Züge an und aus, stellen Weichen, lassen die Schranken auf und zu gehen. Auch Tarim darf mal dran sein. Eine Weile geht alles gut, aber dann passiert es: Als sie die Geschwindigkeit der Züge immer mehr steigern, kippt ein Zug um und mehrere Waggons entgleisen. Ihr Inhalt verteilt sich auf den Gleisen. Die Kinder schauen sich erschrocken an, Tarim möchte losweinen. Jasmin beruhigt ihn: „Pssst, Tarim, wir machen alles wieder heil, wirst schon sehen." Sie stellt alle Waggons auf die Schienen und will die Steinchen und Holzspäne wieder in die Waggons füllen. Dabei reißt sie aus Versehen die Oberleitung ein. Sie erschrickt so sehr, dass sie erneut an den Zug stößt, dieser wieder entgleist und alles auskippt. Nun ist auch Jasmin den Tränen nahe. Sie weiß sich keinen anderen Rat, als den ganzen Zug jetzt einfach tief in den Tunnel zu schieben und das ausgekippte Material gleich hinterher.
Sie hofft, dass die Erwachsenen es am Morgen nicht bemerken. Beide Kinder gehen niedergeschlagen ins Bett.

Am nächsten Morgen werden die Kinder liebevoll von ihren Eltern geweckt, aber als sie sich anschauen, fällt ihnen ihr Missgeschick vom Vorabend ein. Sie frühstücken appetitlos und wollen nur noch nach Hause. Als der Gastgeber zum Abschied noch einmal demonstrieren möchte, wie die Züge fahren, sieht er die Bescherung und es hagelt ein Donnerwetter. Die Eltern schämen sich. Der Arbeitskollege ist entsetzt über den angerichteten Schaden. Wie die Erwachsenen das schließlich geregelt haben, wissen die Kinder nicht. Nur zu Besuch waren sie nie wieder bei dem Arbeitskollegen mit der tollen Modelleisenbahn.

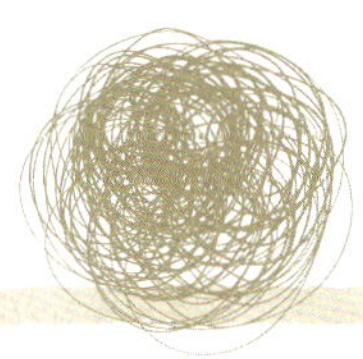

Und nun mit der Lupe

Die Moral von der Geschichte?

Manchmal kommt Wegschauen einer Erlaubnis gleich.

Was wir hier kurz und prägnant auf den Punkt gebracht haben, betrifft die Verantwortung der Erwachsenen. Dies soll keinen „Freifahrtschein" für Kinder oder andere Menschen ausstellen. Ich muss aber als Erwachsener realistisch einschätzen können, wie hoch die Verantwortung ist, die Kinder in ihrem Alter bereits übernehmen können, und wie hoch der Forscherdrang ist, Dinge zu begreifen.

Die Modelleisenbahn hat das Interesse der Kinder geweckt. Doch ihre Neugier wurde durch das bloße Zuschauen und die wenigen Handgriffe, die ihnen erlaubt waren, nicht gestillt. Als sie die Möglichkeit hatten, „mussten" sie entgegen der vereinbarten Regel ihrem Forscherdrang nachgeben und die Eisenbahn selbst ausprobieren. Die Erwachsenen haben diesen Drang unterschätzt.

Im schlimmsten Fall unterlässt es ein Kind irgendwann, eigene Lösungen finden zu wollen, wenn Erwachsene es immer wieder unterbrechen, ausbremsen, stoppen. Was dann passiert: Das Kind verlässt sich darauf, dass die Großen ihm schon zeigen werden, wie etwas zu machen sei – die wissen ja schließlich, wovon sie reden. Es hört auf, Dinge infrage zu stellen oder sie zu hinterfragen. Das Kind ist passiv und konsumiert Erfahrungen aus zweiter Hand. Dabei fehlen ihm die mit einer Erfahrung verbundenen Sinneseindrücke und ausgelösten Gefühle, z. B. die Freude, weil etwas gelungen ist, oder der Ärger, wenn etwas nicht klappt. Die Krux: Genau diese Gefühle und Eindrücke sind maßgeblich entscheidend dafür, ob ich mit einer Tätigkeit lieber aufhöre oder weitermache – weitermache, weil es mir gefällt und guttut, weil ich neugierig bin, weil ich motiviert bin, weil ich es noch einmal erleben will, weil ich es schaffen will ... All das sind wieder wesentliche Faktoren für die Herausbildung von Kernkompetenzen, wie Ausdauer, Konzentration, Frustrationstoleranz und Anstrengungsbereitschaft.

Nur mit **Erfahrungen aus erster Hand** kann ein Kind eigene Wege gehen und sich entwickeln. Es kann später vielleicht ganz neue Wege beschreiten, die noch niemand vor ihm gesehen oder betreten hat. So entwickelt sich die Menschheit weiter.

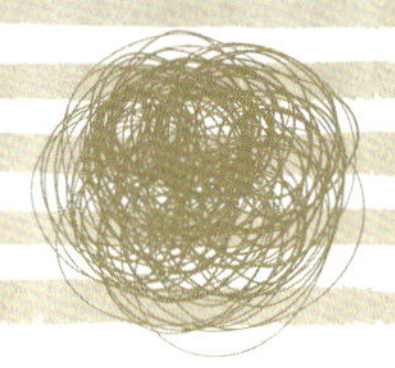

Lernen durch Nachahmen

Wir lernen wesentlich durch Nachahmen. Nehmen wir allein nur die Sprachentwicklung: Ich benötige ein Sprachvorbild, um eine Sprache verstehen und herausbilden zu können. Nachahmung ist ein komplexer Prozess. Ich muss das Gesehene/Gehörte abspeichern (innere Bilder), aus dem Gedächtnis wieder abrufen und dann mein Tun entsprechend darauf abstimmen, um das vorher Gesehene oder Gehörte ähnlich wiedergeben zu können, es zu imitieren bzw. zu reproduzieren. Nach Piaget ahmen in den ersten Lebensmonaten eines Kindes zuerst Erwachsene das Verhalten des Säuglings nach. Anschließend wiederholt das Kind selbst diese Nachahmung; dadurch entsteht ein Kreislauf. Ab dem fünften Lebensmonat ahmt das Kind das Verhalten von Erwachsenen nach, sofern es in seinen Möglichkeiten liegt, wie z. B. Lallen beim Hören von Sprache. Ab dem achten Lebensmonat imitiert es Dinge, die es bisher nur bei seinem Vorbild gesehen oder gehört hat, z. B. Bewegungen. Wichtig ist dabei, dass es seine Nachahmung mit dem Vorbild vergleichen kann: Klingt es bei mir genauso, wenn ich das Geräusch wiederhole? Sieht es bei mir genauso aus, wenn ich die Arme bewege? Zum Ende des ersten Lebensjahres ahmt das Kind dann bereits Dinge nach, die es bei seinem Vorbild zwar sieht, aber nicht mit sich selbst abgleicht, weil es sich dabei nicht sehen kann. Das betrifft beispielsweise Mimik und Gestik. Durch Nachahmung entwickeln sich u. a. motorische Fertigkeiten und Sprache. Das Kind lernt Handlungsabläufe kennen und anzuwenden und später auch zu begreifen, zu verstehen. Konkret bedeutet das z. B., dass es erlernte Wörter im Sinnzusammenhang anwendet und anderen Personen nur dann zuwinkt, wenn es sich verabschiedet.[11]

[11] vgl. Oerter, Rolf; Montada, Leo (Hrsg.); S. 155–156

Nachahmen – Jule und der Tee

Es ist kurz nach 09:00 Uhr in einer Krippengruppe. Die Kinder sind im Freispiel. Einige spielen mit Bausteinen, andere mit Autos. Die Erzieherin hat sich an den Tisch gesetzt. Ein Junge holt aus dem Rollenspielbereich Puppengeschirr und bringt eine Tasse, einen Teller und einen Löffel zur Erzieherin mit dem Kommentar: „Da essen! Kuchen lecker, hm!" Die Erzieherin geht darauf ein, kostet den imaginären Kuchen, trinkt scheinbar aus der kleinen Tasse und bedankt sich für das leckere Essen. Der Junge lacht, räumt alles ab, läuft geschwind erneut in den Rollenspielbereich, um wenig später der Erzieherin neues „Essen" zu servieren. Innerhalb von ein paar Minuten greifen weitere drei Kinder diese Spielform auf. Ein munteres Treiben ist zu beobachten: Geschirr holen, der Erzieherin Essen hinhalten, ihr beim Essen zusehen, abräumen und ihr den „nächsten Gang" auftischen.

Von Anfang an steht Jule, ein 2-jähriges Mädchen, etwas abseits und schaut dem Geschehen zu. Sie ist erst seit drei Monaten in der Krippe und noch etwas schüchtern. Meist traut sie sich nicht, etwas zu sagen. Sie beobachtet heute aufmerksam, was die Kinder machen und wie die Erzieherin darauf reagiert. Nach etwa 15 Minuten lässt das Spielinteresse der Kinder an diesem „So tun, als ob" nach;

Lernen durch Nachahmen

sie wenden sich anderen Dingen zu. Da geht Jule in den Rollenspielbereich und greift sich eine Tasse. Sie läuft langsam und vorsichtig auf die Erzieherin zu, dann hält sie ihr unsicher die Tasse hin und sagt zaghaft: „Tee?". Die Erzieherin freut sich darüber, dass Jule von sich aus zum ersten Mal den Kontakt zu ihr im Spiel sucht. Sie weiß, dass Jule es schwergefallen ist, sich zu überwinden, sich zu trauen. Deshalb greift sie diesen Spielimpuls sofort auf: „Oh, Jule. Tee für mich? Dankeschön, den kann ich jetzt sehr gut gebrauchen. Mir geht es heute gar nicht gut, ich habe Hals- und Bauchschmerzen. Da wird mir dein Tee sicherlich helfen." Dazu macht sie ein leidendes Gesicht und hält ihre Hand an den Bauch, um zu signalisieren, wie schlecht es ihr ginge. Jule reißt die Augen ganz weit auf und schaut erschrocken, verängstigt. Fast sieht es so aus, als würde sie gleich weinen. Die Erzieherin macht sich Sorgen, ob es zu viel des Guten war. Doch noch bevor sie Jule beruhigen kann, rennt diese aus dem Gruppenraum in die angrenzende Garderobe. Als die Erzieherin im gleichen Augenblick aufstehen will, um nach ihr zu schauen, kommt Jule schon wieder herein, in der Hand ihren Rucksack. Sie trägt ihn zur Erzieherin, öffnet ihn und kramt konzentriert, mit angestrengtem Gesichtsausdruck, darin herum. Dann scheint sie fündig geworden zu sein. Zufrieden hält sie der Erzieherin mit einer auffordernden Geste ihre richtige Teeflasche samt Inhalt hin und sagt laut und deutlich noch einmal: „Tee!" Die Erzieherin versteht sofort, sie nimmt eine richtige Tasse vom Geschirrwagen, öffnet vorsichtig die Teeflasche von Jule und gießt sich etwas ein. Unter den aufmerksamen Blicken des Mädchens trinkt sie in kleinen Schlückchen. Dabei reibt sie sich über den Hals und den Bauch und sagt: „Hm, tut das gut. Da geht es mir gleich viel besser!" Jule strahlt übers ganze Gesicht.

Und nun mit der Lupe

Die Kinder haben ein Verhalten nachgeahmt, das sie bei Erwachsenen wiederholt gesehen haben. Auch Jule hat diese Tätigkeit wenig später imitiert. Aufgrund der Reaktion der Erzieherin konnte Jule einen Zusammenhang zu anderen Erfahrungen aus ihrer Lebenswelt herstellen. Sie erinnerte sich daran, dass man Tee trinken muss, wenn es einem nicht gut geht. Sie wendet das durch Beobachtung erworbene Wissen an und aus Spiel wird Ernst. Sie stellt den Bezug zur realen Welt her, indem sie richtigen Tee holt. Jule hat gezeigt, dass sie durch Beobachtung und Nachahmung etwas begriffen hat.

Fotorahmen: © Lapetiteprune | stock.adobe.com, Foto: © Melpomene | Fotolia.com

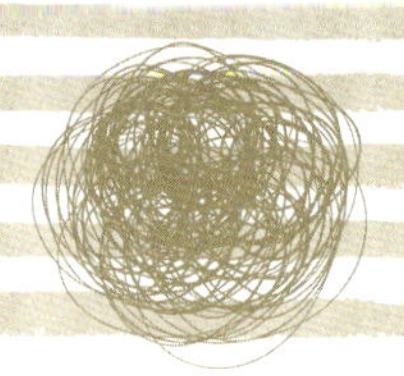

Lernen durch Interagieren

Unter Interaktion versteht man das wechselseitige Einwirken von Menschen aufeinander. „Inter" steht für „zwischen", „Aktion" für „tätig sein". Es geht um alle Handlungen, jede Form der Kommunikation zwischen mindestens zwei Personen und um die Wechselbeziehungen zwischen diesen Handlungspartnern. Die Fähigkeit zur Interaktion ist ein Meilenstein in der Entwicklung des Kindes. Beim Beobachten, Begreifen und Nachahmen reagiert das Kind auf einen wahrgenommenen Reiz. Beim Interagieren dreht es den Spieß um. Es beginnt selbst, einen Reiz auszulösen, und schaut, was passiert. Das Kind entdeckt: Ich kann etwas bewirken, ich muss gar nicht mehr nur darauf warten, dass etwas passiert, dass mir jemand etwas hinhält oder dass jemand mit mir spricht. Ich mach einfach selbst etwas – und siehe da, jetzt reagieren die Erwachsenen auf mich! Wenn ich z. B. die Flasche umkippe, läuft das Wasser aus der Flasche und Mama kommt schnell angerannt, um es aufzuwischen. Ich kann also durch mein eigenes Handeln auslösen, dass etwas geschieht, und somit lernen.

Eine tolle Erkenntnis. Das Kind erfährt eine völlig neue Rolle für sich. Bisher hat es vorrangig Lernerfahrungen gemacht, indem es etwas bekommen hat, es nimmt und darauf **reagiert**. Nun macht es neue Lernerfahrungen, indem es etwas auslöst, etwas beginnt, etwas gibt, also von sich aus **agiert**. Es ist eine Wechselwirkung von Geben und Nehmen. Das Kind ist nicht mehr nur abhängig davon, dass andere Menschen ihm Lernerfahrungen ermöglichen, sondern es wird unabhängiger, indem es sich selbst Lernerfahrungen sucht. Aufgrund seiner sich stetig weiterentwickelnden motorischen und sprachlichen Kompetenzen sowie seiner Wissenserweiterung wird das Kind immer selbstständiger. Es probiert sich aus und wendet seine neu erworbenen Kompetenzen an. Und wir? Wir Erwachsene freuen uns über jeden weiteren Entwicklungsschritt. Vielleicht ist ein bisschen Wehmut damit verknüpft, denn mit jedem Schritt braucht uns das Kind weniger und gleichzeitig haben wir mehr Stress. Denn das Kind wartet nicht mehr ab, was wir ihm so alles bieten, sondern es erforscht eigenständig die Dinge, die sein Interesse geweckt haben. Hach, war das eine ruhige Zeit, als es kaum krabbeln konnte! Die Erfahrungswelt des Kindes war begrenzt und vollends unter unserer Kontrolle. Und jetzt? Sobald man sich umdreht, ist das Kind auf Entdeckungstour, geht überall ran, rein und rauf oder sucht sich selbst Spielpartner. Plötzlich sind wir nicht mehr die erste Wahl, nicht mehr die alleinigen Bestimmer. Das Kind bestimmt zunehmend selbst – und wir finden uns in der Rolle der Reagierenden wieder. Für uns bedeutet das durchaus Kontrollverlust und die Notwendigkeit, im Rahmen von Interaktionen zu verhandeln, Kompromisse zu finden und gleichberechtigt miteinander umzugehen. Eine ganz schöne Herausforderung!

Manchmal führt es auch zu Überforderung – vor allem dann, wenn die Reaktion der Erwachsenen auf die neu entdeckte Fähigkeit der Interaktion des Kindes dazu führt, dass das Kind sich als Herrscher der Welt erlebt.

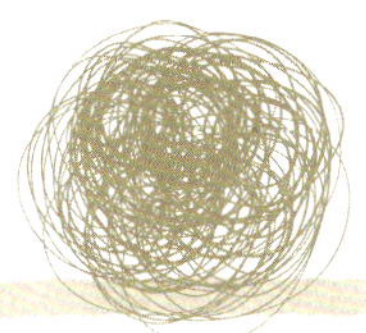

Lernen durch Interagieren

Interagieren – Das Abendbrot

Eltern schilderten uns, was sie seit einem halben Jahr alles zum Abendbrot auffuhren, nur damit das Kind wenigstens *einen* Bissen zu sich nimmt. Vorher hatte das Kind problemlos alles gegessen, auch sein Körpergewicht war unbedenklich. Aber seit das Kind entdeckt hatte, dass es die volle Aufmerksamkeit bekam, wenn es die belegte Scheibe Brot nicht aß, war es um den Familienfrieden geschehen. Die Eltern bettelten, drohten, wendeten Überredungskünste an – alles mit wenig Erfolg. Das Kind wurde zum Arzt geschleppt und ohne Befund zurückgeschickt. Lieblingsspeisen des Kindes wurden gekocht, Kerzen angezündet, Musik gespielt, das Kind saß auf dem Schoß, durfte sich die Brille aufsetzen ... Nahm das Kind auch nur einen Bissen zu sich, werteten die Eltern dies als Erfolg ihrer Bemühungen. Nur leider hielt dieser Erfolg nicht an. Das Abendbrot kostete immer mehr Zeit und Energie.

Und nun mit der Lupe

Das Kind selbst schien sich daran nicht zu stören. Warum auch? Für das Kind war es doch großes Kino mit enorm viel Aufmerksamkeit. Und es hatte eine Lernfrage, die zu immer neuen Antworten führte: Was machen meine Eltern noch alles, damit ich von der Scheibe Brot abbeiße? So entstehen Allmachts-Fantasien. Mal ganz ehrlich: Wer würde nicht (ungestraft) ausloten wollen, wie viel ein anderer für einen tut? Wer würde es nicht genießen, dass diese Zuwendung scheinbar grenzenlos ist?

Was hilft?

Der sensible Blick auf das Kind ermöglicht es uns, zu unterscheiden, ob das Kind ein Grundbedürfnis hat, das nicht befriedigt wird (weshalb es ihm nicht gut geht) oder ob es seine **Selbstwirksamkeit** testet. In **diesem** Falle ist es durchaus angebracht, dem Kind eine Grenze aufzuzeigen, ein klares Nein zu formulieren. Oder wollen Sie (wie in einem anderen uns berichteten Fall) jede Nacht um 02:00 Uhr aufstehen und mit Ihrem Sohn ein beliebtes Steckspiel mit Bauklötzen spielen, weil der Junge rausgefunden hat, wie er selbst aus dem Bett aufstehen, die Tür aufmachen, ins elterliche Schlafzimmer gelangen und dort den Lichtschalter betätigen kann?

Das Kind macht in dieser Phase eine entscheidende Lernerfahrung: Auch wenn ich jetzt mehr Kompetenzen und Fähigkeiten besitze als noch vor Kurzem, kann ich diese nicht immer nutzen. Es gibt Zeitpunkte, Situationen oder Menschen, da ist mein Können unangebracht, ich darf es nicht zeigen. Das Kind lernt, zu differenzieren und die Bedeutung von Grenzen und Bedürfnissen kennen, sowohl der eigenen als auch der anderer. Es erlebt, dass Menschen unterschiedliche Bedürfnisse zu unterschiedlichen Zeiten haben können, z. B. möchten die Eltern nachts schlafen, das Kind möchte spielen. Es erkennt, dass „etwas können" nicht immer bedeutet, dass man es auch tun darf. Dies sind wesentliche Grunderfahrungen für die Entwicklung der sozialen Kompetenz.

Lernen durch Wiederholen

Beim Lernen durch Wiederholen wird unsere Geduld als Erwachsene auf eine harte Probe gestellt. Denn hier sind Kinder in der Regel ausdauernder als wir und das aus gutem Grund. Der Mensch (nicht nur das Kind) lernt durch Wiederholung. Wissen verankert sich, Abläufe werden automatisiert. Wir brauchen die Wiederholung, um verstehen zu lernen. Der eine braucht mehrere Wiederholungen, der andere weniger. Wie viele Fahrstunden und Prüfungen mussten Sie absolvieren, bis Sie endlich den Führerschein hatten, wie viele Versuche unternehmen, bis Sie den Mann/die Frau Ihrer Träume gefunden haben? Einige der großen Lernfragen, die dahinterstehen, lauten: Ist das immer so? Passiert immer genau das Gleiche oder gibt es Veränderungen? Warum funktioniert etwas? Warum funktioniert etwas nicht? Welche Rolle spielt mein eigenes Verhalten dabei?

Innere Fragen, die sich ein Kind bei wiederholenden Tätigkeiten stellt, können sein: Fällt der Ball immer wieder herunter, wenn ich ihn fallen lasse? Macht er jedes Mal das gleiche Geräusch? Hebt Mama meinen Nuckel immer wieder auf, wenn ich ihn ausspucke? Geht das Märchen von Hänsel und Gretel wirklich immer gut aus? Solange wir wiederholen,

- sind noch nicht all unsere Fragen beantwortet,
- lernen wir noch etwas Bestimmtes,
- gilt es, weiteres Wissen zu erwerben oder bereits erworbenes Wissen zu verankern,
- kann es sein, dass wir einen Zusammenhang, eine Gesetzmäßigkeit noch nicht verstanden haben.

So kommt es, dass Kinder über Wochen das gleiche Märchen hören oder am liebsten nur auf dem Bauteppich mit den Bausteinen spielen möchten. Erkennen Sie an, dass das Kind bereits lernt, also keine zusätzlichen Lernthemen notwendig sind. Je öfter Sie ein aktuelles Lernthema des Kindes unterbrechen, desto länger dauert es, bis es mit diesem abschließen kann. Geben Sie Kindern viel Zeit und Raum für das Freispiel – z. B. im Baubereich – oder lesen sie auch zum 100. Mal das Märchen von Dornröschen vor, sofern die Kinder das immer wieder wünschen. Denn wenn Sie das nicht tun, sondern Kindern stets die aus Ihrer Sicht wichtig erscheinenden Lernthemen überstülpen, können die Kinder ihre eigenen Lernfragen nicht beantworten. Die Gefahr der Überforderung besteht, weil Sie durch Ihr neu eingebrachtes Lernthema weitere, neue Lernfragen beim Kind provozieren. Stellen Sie sich einmal vor, sie wollen Nähen lernen. Sie bekommen jeden Schritt aber nur einmal gezeigt. Darüber hinaus fällt der Lehrerin ein, Ihnen nebenbei auch noch Klöppeln beizubringen, weil das ganz toll für Ihre Fingerfertigkeit ist. Über kurz oder lang würden Sie wahrscheinlich das Handtuch werfen. Außerdem wären Sie frustriert und wütend auf die Lehrerin, weil sie Ihnen nicht die Zeit gibt, die Sie brauchen. Weil sie Sie nicht wiederholen lässt und Ihnen ständig neue Dinge zeigt. Nicht anders geht es Kindern. So ist es auch nicht verwunderlich, dass Kinder mit Unmut reagieren, wenn sie gerade mal ein paar Minuten im Freispiel sind und es plötzlich heißt: So, es ist jetzt 10:00 Uhr – Zeit für das heutige kreative Angebot …!

Freuen Sie sich also lieber, dass das Kind ohne Ihr Zutun lernt. Beobachten Sie. So erfahren Sie, wie das Kind lernt, welche Versuche es wie oft unternimmt, damit etwas gelingt. Im Wiederholen werden Ausdauer, Konzentration, Frustrationstoleranz und Anstrengungsbereitschaft eines Kindes sichtbar – und bei Nichtunterbrechung gestärkt.

Lernen durch Variieren

Was unterscheidet Variieren und Wiederholen? Variieren steht für abwandeln, umwandeln, verwandeln, ändern und unterscheiden, um nur einige Synonyme aufzuzählen. Im Lernprozess des Kindes ist das Variieren oft eine Weiterentwicklung der Wiederholung. Variieren ist gut erkennbar, wenn man bewusst hinschaut. Das große, bisherige Lernthema ist meist offenkundig, es wird aber in einem oder mehreren Details verändert. So fällt jetzt nicht nur der Ball, sondern auch andere Gegenstände vom Tisch. Das Ausspucken des Nuckels wird nicht mehr nur bei der Mutter praktiziert, sondern auch bei den Großeltern. Auf dem Bauteppich werden nicht nur Bausteine, sondern auch Röhren aus der Bastelecke und Tücher aus dem Rollenspielbereich verbaut usw. Die große Lernfrage dahinter:

Was geht noch alles?

Wenn ich ein Grundprinzip verstanden habe, probiere ich aus, ob es auch unter veränderten Voraussetzungen funktioniert. Ich möchte wissen: Wie kann ich mein Wissen ansonsten noch anwenden? Kann ich jetzt vielleicht etwas völlig Neues tun oder herausfinden? Dieser hochmotivierte Forscherdrang entsteht durch Erfolge beim Lernen und ist kaum zu bändigen, geschweige denn, zu unterdrücken. Unsere pädagogische Aufgabe besteht darin, ihn in geeignete Bahnen zu lenken, die das freudvolle Lernen von Kindern unterstützen.
Was passieren kann, wenn wir den Forscherdrang eines Kindes – der so eng mit Variieren verbunden ist – nicht erkennen, führt uns die folgende Geschichte eindrücklich vor Augen.

Variieren. Eine Geschichte in zwei Akten – Teil I

Til, ein Junge von dreieinhalb Jahren, malt für sein Leben gern. Er kann schon richtig tolle Sachen malen, am liebsten Monster und Tiere. So stapeln sich seine Zeichnungen im Kindergarten und zu Hause. Jeden Tag kommen neue hinzu. Am liebsten malt er mit Filzstiften. Er hat eine ganze Schachtel voll, in vielen verschiedenen leuchtenden Farben. Nun wird es ihm aber zu langweilig, immer nur auf Papier zu malen, und so sucht er sich neue Untergründe. Im Kindergarten bemalt er seine Arme mit schwarzen Motiven nahezu vollständig an –¬ es sieht fast so aus wie Tattoos bei Erwachsenen. Er ist mächtig stolz darauf. Nur leider muss er deshalb abends außer der Reihe in die Badewanne und alles wieder mit viel Badeschaum abschrubben. Seine Mutter teilt seine Begeisterung anscheinend nicht so ganz.

Lernen durch Variieren

Ein paar Tage später versucht Til, die Tischdecke im häuslichen Wohnzimmer neu zu bemalen, ebenso wie die langweilige, weiße Wand hinter der Couch. Aber jedes Mal wird er unterbrochen und bekommt dafür Schimpfe. Dann schenkt ihm sein Onkel eine selbst gezimmerte, noch unlackierte Fußbank. Der perfekte Maluntergrund! Til freut sich schon sehr darauf, loszulegen. Doch gerade als er den Stift in der Hand hält und den ersten Strich machen will, ruft sein Vater entrüstet: „Stopp, Til! Jetzt reicht es! Du kannst nicht einfach alles, was du möchtest, vollkritzeln, das geht so nicht. Das Bänkchen ist ein Geschenk von deinem Onkel, damit geht man sorgsam um!" Til ist so sehr erschrocken über Papas laute Stimme, dass er innehält. Da ergänzt dieser: „Die Fußbank bleibt hier stehen. Die malst du nicht an! Was du in deinem Zimmer machst, ist mir egal, aber hiermit ist jetzt ein für alle Mal Schluss!"

Til verzieht sich folgsam in sein Zimmer. Etwa eine Stunde später geht er raus in den Garten, um mit dem Nachbarskind zu spielen. Just in diesem Augenblick will seine Mutter Tils frisch gewaschene Anziehsachen in seinen Schrank räumen. Als sie die Tür zu seinem Zimmer öffnet, bleibt sie wie angewurzelt stehen. Nach einigen Schrecksekunden ruft sie: „Schatz, kommst du mal?" Tils Papa eilt zu ihr. Die Frage, was es denn gäbe, erübrigt sich sofort, als er im Türrahmen steht. Til hat mit seinen Filzstiften alle vier Wände neugestaltet, die vorher genauso weiß waren wie die Wohnzimmerwände. Sein Kopfkissen und die Bettdecke hat er gleich mit bemalt. Als die Mutter diese hochhebt, sieht sie, dass das Laken ebenfalls ein neues Design bekommen hat. Auch der runde Teppich strahlt in einem großflächigen, neuen Outfit. Gut, denkt die Mutter, um Schadensbegrenzung bemüht, den kann ich ja wenigstens umdrehen. Das hatte sich vorher offensichtlich auch Til schon gedacht; die Rückseite war nicht minder engagiert von ihm umgestaltet worden. Tja, und auch alle gelaugten Landhausmöbel in Tils Zimmer waren seiner Schaffensphase nicht entkommen; jede Tür und jede Schublade waren mit Filzstift handsigniert.

Als Til vom Spielen zurückkommt, gibt es ein Riesendonnerwetter von seinem Papa. Der ist so in Rage, dass jeder Beruhigungs- und Schlichtungsversuch der Mutter misslingt. Nach dem Abendbrot, das er appetitlos und schweigend zu sich nimmt, geht Til mit hängendem Kopf ins Bett. Seine Mutter sucht unterdessen noch einmal das Gespräch mit seinem Vater: „Ich versteh ja, dass du dich ärgerst. Ich find es auch nicht toll, dass er alles angemalt hat. Aber du bist daran mitschuldig, schließlich hast du ihm gesagt, dass er in seinem Zimmer machen kann, was er will! Du hast ihm also die Erlaubnis dafür gegeben. Unser Sohn ist noch keine vier Jahre alt, den Sarkasmus kann er gar nicht verstehen." Tils Papa will erst protestieren, aber dann geht er zu Til ins Zimmer und entschuldigt sich dafür, dass er so laut geworden war.

Beide Eltern glauben zu diesem Zeitpunkt, dass die Sache damit erledigt sei und so etwas nicht wieder vorkommen würde. Aber sie hatten sich getäuscht. Sie hatten schlichtweg nicht verstanden, worum es ging…

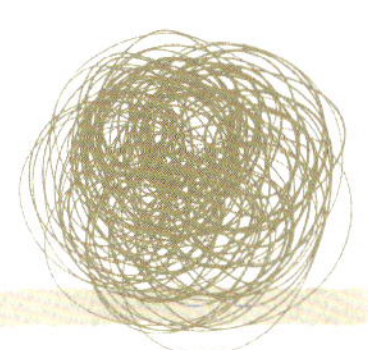

Lernen durch Variieren

Variieren. Eine Geschichte in zwei Akten – Teil II

Ein halbes Jahr nach dem Mal-Event im Kinderzimmer schien sich die Lage beruhigt zu haben. Es gab kaum weitere Vorfälle; Tils Interesse am Malen hatte offensichtlich abgenommen.

Inzwischen hat er die Schere für sich entdeckt. Zu Hause und im Kindergarten türmen sich seine Kunstwerke, häufig in Form eines Scherenschnittsternes. Kleine und große, blaue, rote und goldene, aus dünnem Papier oder dicker Pappe – Schneiden ist einfach toll. Die Mutter wundert sich zwar, warum Tils Kuscheltiere seit einiger Zeit keine Wäscheschilder mehr haben, vermutet dahinter aber ihre Schwiegermutter, die ab und zu abends auf Til aufpasst, damit die Eltern etwas unternehmen können. Auch haben die Spannbettlaken neuerdings merkwürdige dreieckige Löcher, allerdings nur die von Tils Bett. Sie schaut nach, ob irgendwo ein Nagel oder Ähnliches am Bettgestell dafür verantwortlich ist, kann aber nichts finden. Beim Zusammenlegen von Tils frisch gewaschener Schlafanzughose sieht sie, dass diese eher einer Piratenhose gleicht. Wenig später kommt sie gerade dazu, als Til die Fransen der neuen Tischdecke abschneiden will. Das durfte doch nicht wahr sein! Ging das jetzt etwa wieder los? Erst malt er den gesamten Hausrat an und jetzt zerschneidet er alles, was er in die Finger bekommt! Hat der Junge denn nur Dummheiten im Kopf? Sie dachte, er hätte aus dem letzten Donnerwetter gelernt.

Wieder gibt es Verbote und Regelhinweise und Til darf die Schere jetzt nur noch benutzen, wenn die Eltern es erlauben. Eine Woche später will die Mutter abends vor dem Zubettgehen das Kopfkissen von Til noch einmal aufschütteln. Dabei macht sie eine erstaunliche Entdeckung: Unter dem Kopfkissen liegen sage und schreibe zehn verschiedene Scheren, wovon ihr gerade mal drei bekannt vorkommen. Til musste sie sich überall „zusammengesammelt" haben. Endlich begann sie, zu verstehen.

Und nun mit der Lupe

Die Eltern brauchten keine weitere Wiederholung, um das Prinzip der Variation zu verstehen. Von da an boten sie Til, sobald sie aktuelle Lernfragen erkannten, freiwillig geeignete zusätzliche Materialien oder Erweiterungen an, um ihn in seiner Entwicklung zu unterstützen.

Unterschätzen Sie den Forscherdrang von Kindern nicht. Beobachten Sie, wo sie Interesse zeigen, und bieten Sie ihnen genügend Gelegenheiten, ihn auszuleben.

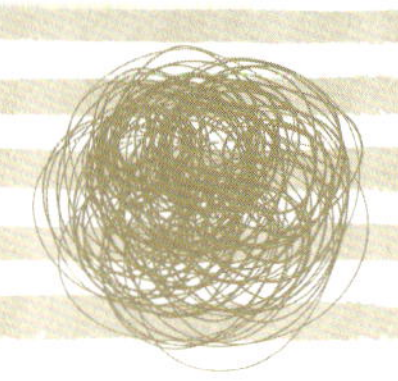

Lernen durch Experimentieren

Wenn Kinder experimentieren, trifft uns das oft unvorbereitet und unerwartet. Experimentieren heißt: Versuche anstellen. Das Kind untersucht etwas, es forscht und entdeckt. Seine Motivation? Es will verstehen (wie so oft!). Der Impuls für seinen Forscherdrang kann durch Zufall entstehen, weil es etwas Unbekanntes, Neues sieht. Er kann auch aus Langeweile entstehen. Das Kind hat keinen Plan und probiert willkürlich etwas aus. Oder es hat eine These aufgestellt, die es überprüft. Letzteres ist schon bei ganz kleinen Kindern nachweisbar und widerlegt die überholte Meinung, Denken beginne mit der Sprache. So hat sich ein Krippenkind, das noch nicht sprechen konnte, mit seiner Erzieherin einen Katalog angeschaut, in dem unter anderem Armbanduhren abgebildet waren. Das Kind zeigt darauf und schaut die Erzieherin mit großen Augen an. Die Erzieherin hält daraufhin dem Kind die Uhr an ihrem eigenen Arm hin. Das Kind lehnt sich zurück, schaut skeptisch und berührt zögerlich die Uhr. Dann hält die Erzieherin dem Kind ihre Armbanduhr ans Ohr. Die Augen des Kindes werden groß, als es das Ticken hört. Als die Erzieherin ihren Arm wieder wegnimmt, legt das Kind sein Ohr auf die abgebildeten Uhren im Katalog. Das Kind lernt. Es hat etwas gesehen (erste Sinneswahrnehmung), dann interagiert, dann gefühlt (zweite Sinneswahrnehmung) und gehört (dritte Sinneswahrnehmung). Im Anschluss hat es eine These aufgestellt: Wenn dein Ding das gleiche sein soll wie das, was ich dir gezeigt hab, dann muss mein Ding auch ticken! Und es hat diese These umgehend überprüft.
Mit der Erkenntnis: Stimmt nicht! Das ist nicht das gleiche! Und es hat Recht, seine Uhren im Katalog waren nur ein Abbild der Wirklichkeit. Die Erzieherin hat es mit der Wirklichkeit und den damit verbundenen weiteren Sinneswahrnehmungen konfrontiert. Diesen Unterschied wird es im Laufe seines Lebens durch ähnliche Erfahrungen bald verstehen.

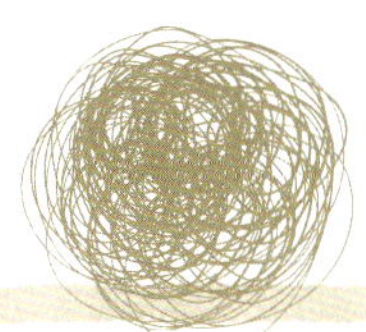

Lernen durch Experimentieren

Experimentieren – Eine Gartenparty im Freundeskreis

Es ist Sommer. Im Freundeskreis trifft man sich regelmäßig an den Wochenenden mit den Familien. So auch heute. Ungefähr 15 Eltern mit ihren insgesamt sieben Kindern im Alter von zwei bis acht Jahren sind der Einladung zur Gartenparty gefolgt. Die Sonne scheint. Es ist 16:00 Uhr, die Kinder spielen alle gemeinsam auf dem großzügigen Gartengelände. Die Erwachsenen stehen plaudernd um den Grill, der gerade angeheizt wird. Es herrscht eine entspannte Atmosphäre. Die Eltern genießen es, frei von schlechtem Gewissen das eigene Kind mal nicht „bespaßen zu müssen". Die Kinder tollen lachend herum und fangen sich gegenseitig. Dabei rennen sie um den Bungalow des Grundstückeigners.
Aus irgendeinem Grund nimmt die Zeitspanne zu, in der die Kinder wieder eine Runde geschafft haben. Vielleicht liegt es daran, dass ihnen langsam die Puste ausgeht? Dann passiert es, dass die Kinder gar nicht wieder zum Vorschein kommen. Es dauert eine Weile, bis die Erwachsenen das merken, da sie angeregt ins Gespräch vertieft sind. Irgendwas fehlt – stimmt, die Geräuschkulisse der Kinder!

Ein Vater macht sich auf den Weg in den Vorgarten vorm Haus, um nachzuschauen, was die Kinder so treiben. Die anderen Eltern sehen das und wenden sich wieder beruhigt ihren Gesprächen zu. Als jedoch auch der Vater nicht wiederkommt und es weiterhin verdächtig still bleibt, laufen alle Eltern am Haus vorbei zur Straße. Ein mulmiges Gefühl beschleicht sie. Ob die Kinder womöglich auf die Straße gelaufen sind? Aber nein, da sind ja alle, wohlbehalten auf dem Grundstück vor dem Haus. Die Erleichterung der Eltern verfliegt jedoch umgehend, als sie den Blicken ihrer Kinder und des Vaters, der vorausgegangen war, folgen. Alle schauen wie gebannt auf die Hauswand. Ein über die gesamte Straßenfront reichendes, weißes Kunstwerk, geschaffen aus Kinderhand, ziert den rötlichen Grund der Hauswand.

Foto: © hollydc | Fotolia.com

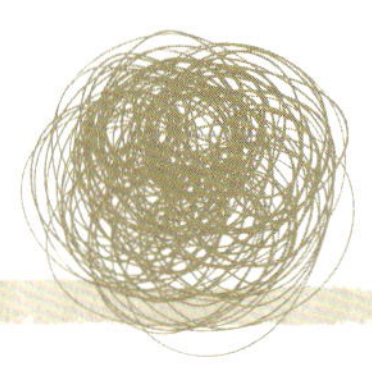

Und nun mit der Lupe

Was war geschehen? Wie konnte das passieren? Beim Fangespielen hatte ein Junge einen Stock in der Hand, während er weglief. Mit diesem Stock schrammte er an der Hausfassade entlang und ein weißer Strich entstand. Oh, Zauberei! Begeistert bewunderten die anderen Kinder den weißen Strich, untersuchten den Stock, ob der etwas Besonderes hätte, und zum Zwecke des Verstehens baten sie den Jungen, noch einmal mit dem Stock an der Hauswand entlangzufahren. Wieder entstand ein weißer Strich. Jetzt wollten es die Kinder genau wissen. Jedes Kind suchte sich einen eigenen Stock und probierte aus, ob dieser auch Weiß malen könnte, ganz ohne Farbe. Und tatsächlich, es funktionierte! Die Kinder waren so begeistert, dass sie Figuren und Muster an der Häuserwand entstehen ließen, bis sie vom Vater des einen Kindes unterbrochen wurden. Erst da nahmen sie das ganze Ausmaß ihrer Kreativität wahr: Auf zehn Metern über die gesamte Hausbreite war ein eindrucksvolles Großgemälde in unterschiedlichen Höhen, je nach Körpergröße des Kindes bzw. Länge seines Stocks, entstanden. Gut erkennbar war auch, dass es sich um eine Gemeinschaftsarbeit handelte: Jeder hatte sich entsprechend seinen feinmotorischen Fähigkeiten eingebracht.

Zum „technischen" Hintergrund: Das Haus war eine Woche zuvor mit Styropor von außen nachträglich wärmegedämmt worden. Anschließend hatten die Hauseigentümer das Gebäude in Schwedenrot streichen lassen. Als die Kinder nun mit dem Stock über den Putz strichen, löste sich dieser, und das weiße Dämmmaterial kam zum Vorschein.

Nachtrag: Es konnte nie geklärt werden, von wem diese Performance ausging und wer in welchem Ausmaß beteiligt war. Die Versicherung hat den Schaden übernommen. Heute erinnert nichts mehr an dieses Experiment, leider.

Kapitel 4

Kommt Ihnen das bekannt vor? Beispiele aus dem Kita-Alltag

In heiklen Situationen, die uns an unsere Grenzen bringen, zu erkennen, wo Gefühle eine Rolle spielen, wo Lernen stattfindet – das ist nicht leicht. Hier haben wir drei Situationen aufgeschrieben, die wir entweder selbst erlebt haben oder uns von betroffenen Erzieherinnen bzw. Eltern erzählt wurden. Wir haben nichts hinzugefügt oder verändert. Wir schauen nur mal genau hin, was hier zu der Situation geführt hat und wie sie sich auflösen lässt.

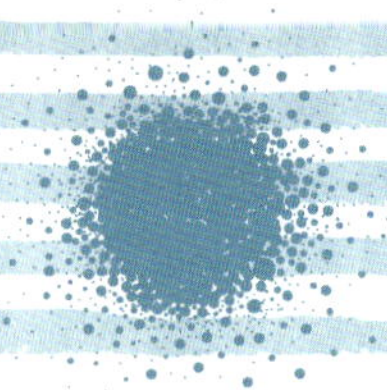

Verhaltensauffällig

Im Sandkasten

Nina ist fünf Jahre alt. Sie geht sehr gern in den Kindergarten. Am liebsten spielt sie im Sandkasten, wenn es am Vortag geregnet hat, weil man dann so schön Burgen und Tunnel bauen kann. So auch an diesem Tag. Am Vormittag errichtet sie über mehrere Stunden eine Schlosslandschaft. Es gibt sogar einen Burggraben mit Brücke und mehrere Türme. Sie ist mächtig stolz auf ihr Werk und betrachtet es gerade ausgiebig, als genau in diesem Moment Katrin, ein anderes Kindergartenkind im Alter von sechs Jahren, quer über ihr Bauwerk läuft und dadurch alles kaputt tritt. Nina ist fassungslos und in Bruchteilen von Sekunden holt sie mit dem Spaten aus und schlägt Katrin damit auf den Kopf. Katrin schreit vor Schmerzen auf und weint laut. Alles geschieht so schnell, dass Nina es sich gar nicht erklären kann. Wie gelähmt bleibt sie im Sandkasten stehen. Drei Erzieherinnen eilen zum Ort des Geschehens und kümmern sich um Katrin. Sie hocken sich vor Katrin hin und schauen nach, ob sie verarztet werden muss. Sie versuchen, sie zu beruhigen, und trösten sie. Nina steht weiterhin regungslos, doch am ganzen Körper zitternd, daneben. Als erkennbar ist, dass Katrin keine Platzwunde hat und die kleine Beule lediglich gekühlt werden muss, steht eine der Erzieherinnen auf und geht zu Nina. Sie beugt sich leicht von oben herab zu ihr und sagt: „Das hätte ich nie erwartet von dir. Du bist so ein böses Mädchen! Du erhältst eine Woche Sandkastenverbot. Heute zum Mittag bekommst du keinen Nachtisch und während der Mittagsruhe liegst du mit deiner Matte bei mir am Erziehertisch, damit ich dich im Blick habe." Nina schaut nach unten. Die Erzieherin ist aber noch nicht fertig mit ihr. „So, und jetzt gehst du zu Katrin und entschuldigst dich!" Nina läuft mit hängenden Schultern zu Katrin, den Blick weiter auf die Erde gerichtet, hält Katrin ihre Hand hin und nuschelt leise: „Tschuldigung." Damit ist die Erzieherin nicht einverstanden. „Nein, Nina. Mach das richtig! Wie entschuldigen wir uns?" Nina geht erneut zu Katrin, streichelt ihr mechanisch über den Kopf, drückt sie links und rechts und sagt mit tonloser Stimme erneut: „Tschuldigung." Am nächsten Tag sieht Nina Katrin in einem von den Erzieherinnen unbeobachteten Moment im Garten, rennt schnell zu ihr und kneift sie fest in den Arm.

Und nun mit der Lupe

Nina ist sehr stolz auf sich und ihr Bauwerk. Das Gefühl der Freude durchströmt sie, füllt sie vollkommen aus, Dopamin wird ausgeschüttet. Genau in diesem Augenblick zerstört Katrin ihre ganze Arbeit. Nina ist geschockt und zu der eben noch erlebten Freude kommt eine große Traurigkeit darüber, dass jetzt alles kaputt ist. Entsprechend verfliegt das Glücksgefühl; ungläubig nimmt sie den Schaden wahr. Dieser Gefühlsmix ist so mächtig, dass Nina völlig perplex ist und wütend darüber wird, dass ihre ganze Arbeit umsonst war. Das Hormon Adrenalin wird ausgeschüttet; sie nimmt das Nächstliegende, das sie findet, und haut damit nach Katrin, um sich gegen das angerichtete Unheil zu wehren. Der Gefühlscocktail ist jetzt komplett, denn als Katrin losschreit und weint, erschrickt Nina über das Geschehene. Große Angst macht sich jetzt breit und erneut wird Adrenalin ausgeschüttet. Nina ist komplett überfordert mit all den starken Gefühlen, die innerhalb von ein paar Sekunden bei ihr ausgelöst werden. Den damit zusammenhängenden Hormonausschüttungen ist sie hilflos ausgeliefert. Die Spatenattacke ist eine sogenannte Affekthandlung, auch Kurzschlusshandlung genannt: Die extrem starken Gefühle in dieser Ausnahmesituation entladen sich in der Tat. Nina handelt unkontrolliert und somit auch unüberlegt, es geschieht ihr einfach. Was wir in dieser Situation sehen, ist **unbewusstes** und gedanklich nicht steuerbares Verhalten als Reaktion auf einen äußeren Reiz, nämlich der Zerstörung der Burg. Am nächsten Tag, als Nina Katrin im Garten gekniffen hat, hat sie **bewusst** gehandelt.

Sie hat sich bewusst vorgenommen, Katrin wehzutun, weil diese ihr Bauwerk zerstört hat und Nina dafür außerdem noch mehrfach von der Erzieherin bestraft wurde – obwohl doch in ihren Augen Katrin Schuld an der Situation hatte.

Wie hätte die Erzieherin achtsam damit umgehen können?

Nachdem sichergestellt war, dass Katrin von den anderen beiden Erzieherinnen versorgt wird, hätte die Erzieherin zu Nina gehen und sich hinhocken können. Sie hätte sie in den Arm nehmen und beruhigend mit ihr sprechen können, z. B.: „Nina, du zitterst ja am ganzen Körper. Ich glaub, du hast dich ganz schön erschrocken über das, was gerade passiert ist. Du hast dich so gefreut über deine tolle Burg und dann ist Katrin einfach darübergelaufen. Da warst du ganz doll traurig, deine schöne Burg! Und dann hast du plötzlich den Spaten genommen und nach Katrin geschlagen, weil du dich darüber so geärgert hast, dass sie einfach alles kaputt gemacht hat." Wahrscheinlich würde Nina jetzt tief ausatmen, vielleicht seufzen und zur Bestätigung „Ja" sagen. Nun wäre es wichtig, dass die Erzieherin den Kontakt zu Nina aufrechterhält, indem sie weiterhin gehockt auf Augenhöhe bleibt, Nina durch ihre Umarmung Halt bietet und z. B. sagt: „Ich bin bei dir." Wenn die Erzieherin merkt, dass Ninas Atem ruhiger wird und ihr Zittern aufhört, könnte sie sagen: „Da habt ihr euch jetzt beide ganz schön erschrocken und seid traurig. Du wegen deiner kaputten Burg und Katrin, weil du ihr mit dem Spaten wehgetan hast. Wollen wir mal nach Katrin schauen, wie es ihr geht? Möchtest du, dass ich mitkomme?" Nina ist sich nun bewusst geworden, dass es nicht richtig war, Katrin mit dem Spaten wehzutun. Durch die Erzieherin hat sie aber Verständnis für ihre Affekthandlung erfahren. Wenn sie jetzt zu Katrin geht und sich entschuldigt, dann meint sie es auch so. Und weil sie von der Erzieherin getröstet wurde, kann sie vielleicht auch Katrin trösten. Toll wäre es, wenn die Erzieherin zum Schluss anböte, dass die beiden Mädchen nach dem Mittagsschlaf die Burg gemeinsam neu bauen können. Mit großer Wahrscheinlichkeit würde Nina Katrin am nächsten Tag nicht kneifen.

Verhaltensauffällig

Wie erleben die Kinder das Verhalten der Erzieherin? Welche Auswirkungen könnte das auf ihr Selbstbild haben?

Aus der Sicht von Nina

In der Originalgeschichte	Bei der alternativen Reaktion
Ich bin böse.	Ich war sehr traurig und wütend.
Die Erzieherin versteht mich nicht.	Die Erzieherin versteht mich.
Die Erzieherin mag mich nicht.	Die Erzieherin mag mich.
Katrin war nicht böse.	Katrins Verhalten hat mir wehgetan.
Die Erzieherin mag Katrin.	Die Erzieherin mag auch Katrin.
Die Erzieherin versteht Katrin.	Die Erzieherin versteht auch Katrin.
Ich darf mich nicht wehren, wenn jemand gemein zu mir ist.	Als ich wütend war und Katrin geschlagen habe, hat ihr das wehgetan.
Wenn ich mich wehre, werde ich bestraft.	Auch Katrin war traurig und wütend.
Wenn ich mich wehre, werde ich alleingelassen.	Auch wenn ich wütend bin, ist die Erzieherin für mich da.
Man muss sich immer entschuldigen, auch wenn der andere schuld ist. Dabei muss man den Kopf streicheln und den anderen drücken.	Ich wollte Katrin nicht wehtun, deshalb habe ich mich entschuldigt und sie gedrückt und getröstet.
Ich kann mich nur heimlich rächen.	Es tut mir leid, dass ich Katrin wehgetan hab.
Ich bin falsch, ich bin nicht richtig.	Ich habe etwas falsch gemacht.

Aus der Sicht von Katrin

In der Originalgeschichte	Bei der alternativen Reaktion
Die Erzieherin ist sofort für mich da, wenn mir jemand wehtut und ich weine. Sie tröstet mich.	Die Erzieherinnen haben uns beide sofort getröstet, weil wir beide traurig waren.
Die Erzieherin mag mich lieber als Nina.	Die Erzieherinnen haben uns beide lieb.
Ich habe nichts falsch gemacht.	Es war falsch, Ninas Sandburg kaputt zu machen.
Nina ist ein böses Mädchen. Sie hat mir wehgetan. Sie ist schuld.	Nina war wütend, weil ich ihre Burg zerstört hab, deshalb hat sie mich geschlagen.
Nina musste sich bei mir entschuldigen, aber es hat ihr nicht leidgetan.	Nina war selber traurig und hat sich geschämt, weil sie mich geschlagen hat.
Nina hat mich gekniffen, aber ich weiß nicht, warum.	Die Erzieherin versteht auch Katrin.

Das pädagogische Angebot

Eine Frühlingswiese

Es ist das Jahr 2000. Ich bin Leiterin einer Kita. Während eine meiner Kolleginnen ihren einwöchigen Urlaub genießt, übernehme ich in dieser Zeit die Betreuung ihrer Krippengruppe. In der Gruppe werden sechs Kinder im Alter von anderthalb bis zweieinhalb Jahren betreut. Ich will (zum damaligen Zeitpunkt) natürlich auch „pädagogische Angebote" machen, damit meine Kollegin nach ihrer Rückkehr sehen kann, dass die Jungen und Mädchen während ihrer Abwesenheit weiterhin gezielt gefördert wurden.

Da ich den Kindern gern sinnliche Erfahrungen ermöglichen möchte, entscheide ich mich an einem Mittwoch im März dafür, mit ihnen in unser Atelier zu gehen. Beim Frühstück frage ich die Kinder mit spannungsgeladener Stimme, ob sie heute Lust hätten, mit mir zu kneten. Die Kinder strahlen mich an und nicken eifrig mit dem Kopf. Wir gehen in unseren Kreativraum, den ich schon vorbereitet hatte: Am Tisch stehen sechs Stühlchen und vor jedem Platz liegt eine Knetunterlage auf dem Tisch. Ich setze alle Kinder auf ihren Stuhl sage: „Heute wollen wir eine Frühlingswiese kneten." Dazu sei angemerkt, dass es erst Anfang März ist, draußen ist alles grau und kahl. Nichts, aber auch gar nichts lässt die Kinder erahnen, wie wohl eine Frühlingswiese aussehen könnte. Trotzdem schauen mich die Kleinen erwartungsfroh an. Ich verteile auf jeder Knetunterlage einen handgroßen Klumpen grüner Knete und fordere die Kinder auf, noch zu warten. Dabei muss ich sie ständig ermahnen. Thomas kostet gerade genüsslich von der Knete. „Nein, Thomas, nicht essen!" John bricht kleine Stückchen von der Knete ab und will sie Lisa in ihre schönen langen Haare drücken. „John, hör auf damit, lass Lisa in Ruhe!" Lucas macht sich einen Spaß daraus, immer wieder kleine Krümel Knete neben sich auf den Fußboden fallen zu lassen. „Lucas, die Knete bleibt auf dem Tisch!" Inzwischen hat meine weiche, leise, schmeichelnde Stimme einen scharfen Unterton erhalten und ist deutlich lauter. Das zeigt Wirkung! Die Krippenkinder unterbrechen ihr störendes Tun und schauen mich erschrocken an. Ich wechsele wieder zu meinem lächelnden, gewinnenden Gesichtsausdruck und sage: „Schaut mir zu, wie ich es mache. Wir drücken die Knete ganz fest auf die Unterlage. So! Und das tun wir so lange, bis ein flacher Flatschen daraus entstanden ist. Wartet! Ich komme rum und helfe euch dabei!" Die Jungen und Mädchen versuchen mit aller Kraft, den Klumpen flachzudrücken, und ich helfe nach, wann immer es nötig ist. Schließlich sollen ja alle eine schöne Frühlingswiese haben. Während ich um den Tisch gehe und

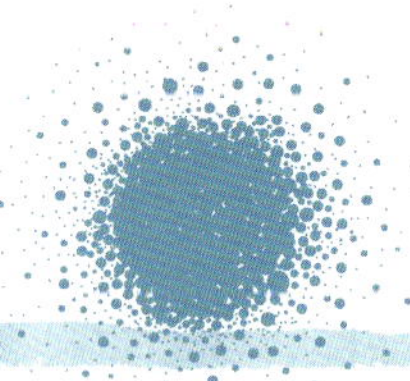

jedes einzelne Kind unterstütze, muss ich die bereits fertigen Kinder wieder ermahnen, weil John Löcher in die Knete bohrt und Thomas weitere Häppchen zum Probieren abreißt. Endlich sitzen alle Kinder still und schauen mich an. Nun hole ich kleine Klumpen roter und gelber Knete vom Nachbartisch und zeige ihnen, was wir damit tun wollen. „Unsere Frühlingswiese braucht ja noch Blümchen, gelbe und rote! Und die verteilen wir jetzt schön auf unserer Wiese. Schaut, wie ich es mache!" „Nein, Lucas, keinen Turm daraus bauen! John, kleine Blümchen habe ich gesagt! So, wie Lisa es macht, nehmt euch ein Beispiel an ihr!" Immerzu ermahne und unterbreche ich die Kinder, wenn sie etwas anderes machen, als das, was ich ihnen gezeigt habe. Endlich, nach einer gefühlten Ewigkeit (in Wahrheit sind insgesamt gerade einmal 20 Minuten seit Beginn der Knetaktion vergangen) sind alle so weit fertig, dass man es mit ruhigem Gewissen als Frühlingswiese von Krippenkindern präsentieren kann. Da passiert es: Thomas schiebt mit beiden Händen kraftvoll seine Knete wieder zu einem Klumpen zusammen und drückt darauf herum. Ich springe zu ihm und rufe erschrocken: „Thomas, deine schöne Blumenwiese, was Mama jetzt wohl sagt! Da ist sie heute bestimmt ganz traurig. Komm, wir retten die Wiese, ich helfe dir!" Ich nehme seine Hände in meine und gemeinsam drücken wir die Knete wieder zu einem flachen Etwas – nur, dass sie an manchen Stellen jetzt nicht mehr grün mit gelben und roten Pünktchen ist, sondern braun. Aber immerhin flach!

Damit kein weiteres Malheur passiert, gehe ich mit den Kindern schnell aus dem Raum ins Bad. Schließlich sollen sie noch vor dem Mittagessen, wie jeden Tag, an die frische Luft. Als ich gerade allen ihren Schneeanzug angezogen habe, riecht es verdächtig. Ich muss John erneut ausziehen, während alle anderen eine kleine, kostenlose Saunaeinheit erhalten, da sie komplett angezogen warten. Dann endlich: Tür auf, Kinder rausschieben, der Kollegin zurufen, sie möge mal bitte zehn Minuten mit auf meine Kinder aufpassen und dann im Dauerlauf zurück ins Atelier. Ich will noch die Namensschilder zu den einzelnen Knetobjekten legen (Oh Gott, wer hat jetzt noch einmal wo gesessen?), einen kleinen Aufsteller schreiben („Heute haben wir eine Frühlingswiese geknetet") und alles in der Flurgarderobe auf dem Regal für die Eltern präsentieren. Dabei fällt mir ein, dass ich wieder vergessen hab, Fotos zu machen, und eigentlich wollte ich doch mitschreiben, was die Kinder beim Kneten erzählen. Mist, wieder nicht geschafft. So, jetzt noch alles schön hinstellen, fertig! Ich beseitige Knetreste und Chaos im Atelier und atme einmal tief durch. Dann öffne ich die Außentür und rufe: „Alle Krippenkinder kommen zu mir, wir gehen rein, es gibt gleich Mittagessen!" Lisa ist gerade beim Schuppen angekommen, um das letzte freie Bobby Car zu ergattern, als ich zum Rückmarsch blase.

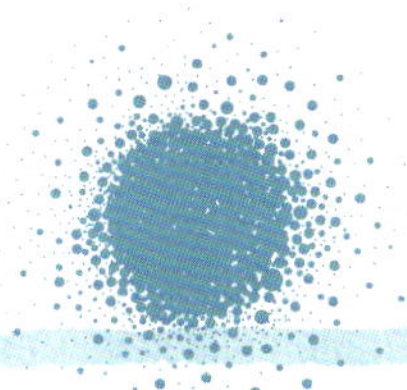

Das pädagogische Angebot

Nach dem Mittagsschlaf ist die Mutter von Thomas immer die erste, die ihr Kind abholt. Ich ahne schon, was passieren wird, und wappne mich innerlich. Als sie eintrifft und mit Thomas in die Garderobe geht, sieht sie sofort die Ergebnisse unserer heutigen Beschäftigung. Sie fragt Thomas in meinem Beisein: „Na, was habt ihr denn heute gemacht?“ Ich denke so bei mir: ‚Steht doch groß und deutlich auf dem Aufsteller.‘ Thomas strahlt seine Mutter an. Dann fragt sie, auf den braunen, flach gedrückten Fladen zeigend: „Und das ist deine Frühlingswiese?“ Thomas nickt voller Stolz. Die Mutter zieht ihre Augenbrauen leicht hoch und schaut sich die anderen Exponate an. Das Knetkunstwerk von Lisa sieht genauso aus, wie ich es mir vorgestellt hatte, grün und flach mit gleichmäßig verteilten, gelben und roten Pünktchen. „Und das hier ist Lisas Blumenwiese?“ fragt sie ihren Sohn. Der zuckt nur mit den Schultern. „Hm“ macht die Mutter; ihre Enttäuschung ist ihr anzusehen. Und dann ist Lisa auch noch zwei Monate jünger als Thomas ...

Ich war fix und fertig an diesem Tag und hätte gern schon um 11:30 Uhr Feierabend gemacht. Ich glaube, die Krippenkinder auch! Als ich sie zwei Tage später fragte, ob sie noch mal kneten wollen, riefen sie laut: „Nein!“ Ganz ehrlich, ich war froh darüber, denn noch mal wollte ich mir das nicht unbedingt antun.

Nachtrag: Thomas hatte zwei Wochen nach dieser Knetaktion Geburtstag. Er wünschte sich nichts mehr auf der Welt als einen Werkzeuggürtel und einen Bauhelm, genau wie ihn die Hauptfigur einer bekannten Kinderserie trägt. Was er als Geschenk von seinen Eltern bekam? 3-mal dürfen Sie raten. Ja, tatsächlich: Knete!

Und nun mit der Lupe

Mit dem Verlauf und dem Ergebnis der Knetsituation war ich damals sehr unzufrieden. Ich konnte aber nicht genau erfassen, woran es lag. Sowohl die Kinder als auch ich waren während des „pädagogischen Angebotes“ gestresst. Außerdem fühlte ich mich in der Rolle der ewigen Meckertante und Unterbrecherin nicht wohl. Ich hatte das Gefühl, die Kinder permanent ausgebremst zu haben, ihre Entdeckerfreude unterdrückt und sie sogar in ihrem Tun bewertet zu haben. Ich konnte verstehen, dass sie nicht erneut mit mir kneten wollten.

Wie hätte ich agieren sollen? Ich wollte den Kleinen doch etwas beibringen, ihnen Erfahrungen ermöglichen, ihre Feinmotorik fördern. Nun ja, die große Bedeutung einer entspannten Lernatmosphäre und lustvoller Erfahrungen war mir zum damaligen Zeitpunkt nicht bewusst ...

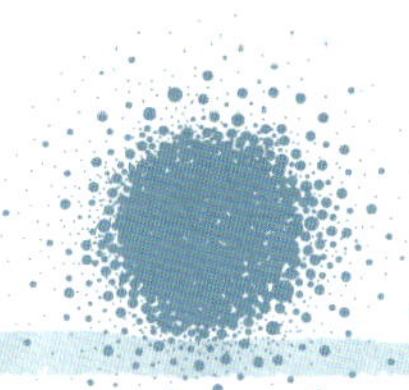

Das pädagogische Angebot

Ein 3-minütiger Film – und mir wurden die Augen geöffnet

Einige Jahre nach diesem Erlebnis half mir der Zufall auf die Sprünge. In einem Lehrfilm[12] zur pädagogischen Beobachtung und Dokumentation kindlicher Lernprozesse wurde als Beispielvideosequenz eine Knetsituation mit Krippenkindern dargestellt. Wie anders war diese Situation im Vergleich zu meiner eigenen Erfahrung! Was war zu sehen?
Ein Mädchen sitzt mit anderen Kindern an einem großen Tisch. Sie kniet auf ihrem Stuhl. Vor sich auf der Tischplatte liegt ein flacher Klumpen Knete. Das Kind beugt sich nach vorn, robbt auf den Tisch und greift mit der rechten Hand in einen Weidenkorb, der mittig auf dem Tisch steht. Darin befinden sich verschiedene Dinge: ein Holzkochlöffel, Buntstifte, eine Gabel, ein kleines Teigrad mit Holzgriff, ein Strohhalm und Schaschlikstäbe. Sie holt einen Buntstift heraus. Sie wechselt den Stift in die linke Hand. Zuerst zieht das Mädchen damit Linien auf der Knete und steckt ihn dann fast senkrecht hinein. Der Stift bleibt stecken. Das Kind holt sich aus dem Korb einen zweiten Stift. Sie steckt jetzt beide Stifte gleichzeitig in die Knete, hält sie mit den Händen fest und bewegt sie hin und her. Die Stifte stecken nicht sehr fest und würden umfallen, wenn sie losließe. Sie zieht beide Stifte heraus und betrachtet die Löcher in der Knete, dabei ruft sie erstaunt aus: „Wow!" Dann steckt sie beide Stifte gleichzeitig in bereits vorhandene Löcher. Die Stifte bleiben kurz stecken. Dann neigen sie sich langsam auseinander und kippen zur Seite. Das Kind schaut diesem mehrere Sekunden andauernden Vorgang aufmerksam zu und lächelt, als der eine Stift auf den Tisch, der andere kurz danach über die Tischkante zu Boden fällt. Den Stift auf dem Boden lässt sie liegen, steckt den anderen wieder in die Knete. Sie beobachtet zunächst, wie er sich allein erneut ganz langsam neigt, und schlägt ihn dann mit der flachen, linken Hand auf die Tischplatte. Danach lässt sie den Stift noch 2-mal „von allein" langsam in die Waagerechte fallen und lacht, als er auf dem Tisch auftrifft. Beim nächsten Mal steckt der Stift genau senkrecht und bewegt sich nicht; sie stößt ihn mit dem linken Zeigefinger an und um. Bei den weiteren Versuchen hält sie den Stift beim In-die-Knete-Stecken fest und führt ihn mit der Hand in die Waagerechte. Als der Stift auftrifft, lächelt das Mädchen. Einmal lacht sie auf und hüpft vor Freude kurz auf ihrem Stuhl. Sie betrachtet die Knete, in der sich inzwischen fast überall Löcher befinden. Nun führt sie die Spitze des Stifts, die in der Knete gesteckt hat, über ihre Wange und die Innenfläche einer Hand. Danach bohrt sie neue Löcher in die Knete bzw. vergrößert schon vorhandene.

Auch wenn bei der Nahaufnahme des Filmes kein anderes Kind zu sehen war, wurde durch Geräusche und Stimmen im Hintergrund deutlich, dass weitere Kinder am Tisch saßen. Es war erkennbar, dass die Kinder in einer entspannten Atmosphäre selbst tätig sein und eigene Erfahrungen sammeln konnten. Die Erzieherin war nicht einmal zu sehen oder zu hören.

Die Videosequenz dauerte gerade einmal drei Minuten. Doch was ich in dieser kurzen Zeit sah, war für die kindliche Entwicklung so viel mehr wert als das, was ich mit der „Frühlingswiese" zu erreichen versuchte. Woran lag das?

[12] vgl. Schäfer, Gerd E.; Strätz, Rainer

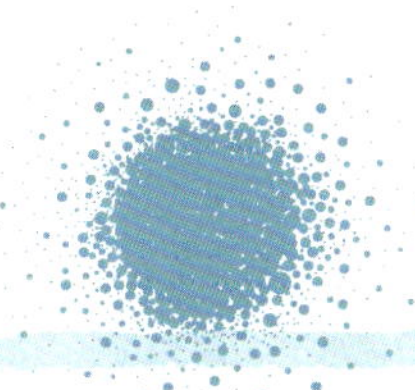

Das pädagogische Angebot

Meine Rolle ist der Schlüssel

Der elementare Unterschied in beiden Situationen besteht vor allem in der jeweiligen Rolle der pädagogischen Fachkraft. Ich sah meine Aufgaben damals darin, das „pädagogische Angebot" zu planen, den Raum vorzubereiten, die Schritte vorzuzeigen, zu demonstrieren, zu korrigieren, einzugreifen und zu unterbrechen, wenn es aus meiner Sicht in die falsche Richtung lief. Die Aufgaben der Erzieherin in dem Film waren: einen pädagogischen Impuls vorzubereiten, Neugier zu wecken, Kinder selbstständig sein zu lassen, zu beobachten und zu dokumentieren. Vergleicht man beide Vorgehensweisen und die beschriebenen Situationen, werden die konkreten Auswirkungen der unterschiedlichen Rollen der pädagogischen Fachkraft deutlich:

- Die Atmosphäre während der offenen Knetsituation aus dem Lehrfilm war entspannt. Die Atmosphäre in meiner erlebten Situation war angespannt.
- Das Mädchen im offenen Angebot wurde in ihrer Tätigkeit nicht unterbrochen. Ich habe die Kinder mehrmals in ihrem Tun unterbrochen/korrigiert.
- Das Mädchen stellte sich im offenen Knetangebot eigene Lernfragen, sie wählte selbst ihr Werkzeug aus und experimentierte damit. Es gab keinerlei Vorgaben, kein festgelegtes, zu erreichendes Ziel. Bei mir mussten die Kinder meine vorgegebene Schrittfolge inklusive der Farbauswahl genau einhalten, sie konnten lediglich nachahmen. Auch das zu erreichende Ziel (die Frühlingswiese) hatte ich vorgegeben.
- Die Erzieherin im offenen Angebot konnte beobachten und das Tun sogar durch Filmaufnahmen dokumentieren. Dazu bin ich gar nicht gekommen.
- Für mich stand das Endprodukt, das Ergebnis „Frühlingswiese" im Vordergrund, für die Erzieherin aus dem Lehrfilm die Tätigkeit des Kindes.

Auch wenn wir beide Situationen hinsichtlich der hier greifenden **Bildungsbereiche** vergleichen, schließe ich schlechter ab:

	„Frühlingswiese"	Offenes Knetangebot
Mathematische Grunderfahrungen	• Vergleichen (groß/klein bei Menge der Knete) • Mengen (Anzahl der farbigen Knetpunkte) • Vorgegebene Muster (Verteilen der roten und gelben Knete)	• Mengen (ein Stift, zwei Stifte) • Geometrische Formen (Knete, Stifte) • Muster (Abdrücke in Knete) • Raum-Lage-Beziehungen • Vergleichen (Löcher durch Stifte, groß/klein, tief/flach)
Naturwissenschaftliche Grunderfahrungen	• Verformen der Knete	• Fallgesetze (Stifte) • Materialbeschaffenheit (Knete) • Werkzeugerfahrungen (Stifte)
Sprachliche Erfahrungen	• Sprachvorbild der Erzieherin	• Sprachliche Äußerungen des Kindes beim eigenen Tun • Gestik und Mimik

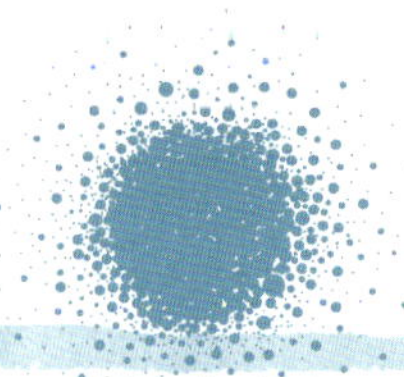

Das pädagogische Angebot

Bewegungs-erziehung	• Kraft durch Drücken mit den Handflächen • Fingerfertigkeit (Zerkleinern der gelben und roten Knete)	• Auge-Hand-Koordination • Stifthaltung • Verknüpfung versch. Bewegungsabläufe • Wechselnder Handgebrauch • Fingerfertigkeit
Bildnerisches Gestalten	• Formen und Gestalten der Knete zu gewünschtem Ergebnis	• Kreativität (eigene Ideen ausprobieren) • Materialbeschaffenheit • Werkzeugerfahrungen • Imitieren des Malvorganges auf Knete, Wange und Handfläche

Meine (zeitversetzten) Einsichten – die sich bis heute auszahlen

Was mir also Jahre später durch den Lehrfilm und die selbstkritische Nachbetrachtung meiner Frühlingswiesen-Knetaktion alles klar geworden ist:

- Durch meine Vorgaben und meine deutliche Ergebnisorientierung habe ich die Kinder in ihren Lernerfahrungen eingeschränkt.
- Auch die Förderung von Konzentration und Ausdauer ist beim offenen Knetangebot besser umgesetzt worden als durch mich.
- Meine sprachlichen Hinweise, Ermahnungen und Korrekturen haben die Kinder immer wieder in ihrer Tätigkeit unterbrochen, sie in ihrer Konzentration gestört.
- Dadurch konnten sie Lernerfahrungen weder wiederholen noch vertiefen.
- Durch meine eigene Position – nämlich im Mittelpunkt der Aktion zu sein und die Aufmerksamkeit der Kinder immer wieder auf mein Tun zu lenken – war ich nicht in der Lage, die Kompetenzen und Lernfragen der Kinder zu erkennen. Und das, obwohl die Kinder durch ihr „Störverhalten" mit mir kommuniziert und mir gezeigt haben, was sie selbst gern mit der Knete alles ausprobieren möchten.
- Ich war damals nicht in der Lage, die Sprache der Kinder, ihre klaren Signale, zu verstehen.

Die Erzieherin im Lehrfilm kann:

- das Kind genau beobachten und ihre Wahrnehmungen durch ihren Videomitschnitt im Nachhinein sogar noch einmal überprüfen.
- erkennen, welche Forschungsfragen sich das Mädchen gestellt hat, welche kognitiven und motorischen Fähigkeiten es bereits besitzt.
- Rückschlüsse hinsichtlich der Bildungsbereiche ziehen, also verstehen, wie Lernen stattgefunden hat.
- weiterführende Überlegungen dahin gehend anstellen, wie sie die Kinder in den nächsten Tagen oder Wochen in den gemachten Lernerfahrungen unterstützen könnte, z. B. durch Erweiterung der Werkzeuge oder die Bereitstellung alternativer Materialien (statt Knete z. B. Ton oder Salzteig) u. v. m.
- davon ausgehen, dass die Kinder einen erneuten pädagogischen Impuls, mit Knete hantieren zu können, neugierig aufgreifen werden (im Gegensatz zu meinen Krippenkindern, die das Angebot ablehnten).

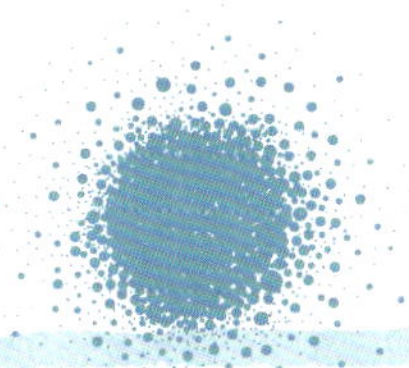

Das pädagogische Angebot

Wie erleben die Kinder das Verhalten der Erzieherin? Welche Auswirkungen könnte das auf ihr Selbstbild haben?

Während der Knetaktion „Frühlingswiese"	Während des offenen Knetangebotes
Ich bin nicht richtig.	Ich bin okay, so wie ich bin.
Die Erzieherin versteht mich nicht.	Die Erzieherin versteht mich.
Ich mach etwas falsch.	Ich werde nicht bewertet.
Die Erzieherin muss mir helfen, damit ich es richtig mache.	Ich kann es allein.
Ich darf nicht tun, worauf ich Lust habe.	Ich kann ausprobieren, was ich möchte.
Ich werde unterbrochen.	Ich werde nicht unterbrochen.
Ich muss immer wieder warten.	Ich habe Zeit.

Ganz grundsätzlich unter der Lupe: Das pädagogische Angebot

Heutzutage benutzen wir in der Elementarpädagogik in der Regel nicht mehr das Wort „Beschäftigung", wenn Kinder einer von uns angeleiteten Tätigkeit nachgehen; wir sprechen heute meist von „pädagogischen Angeboten". In der Praxis sind diese jedoch oft nichts anderes als die althergebrachten Beschäftigungen. Es liegt im Wesen eines ANGEBOTS, dass man selbiges nutzen oder ablehnen kann; ich habe also die Wahl. In meiner Knetaktion „Frühlingswiese" hatten die Krippenkinder keine Wahl, sie hätten nicht „Nein" sagen können, denn meine pädagogische Planung sah an diesem Tag die Frühlingswiese für alle Krippenkinder vor. Und genau das begegnet uns in der Kita-Praxis nach wie vor: Als pädagogische Angebote deklarierte Aktionen entpuppen sich bei näherer Betrachtung häufig als Beschäftigungen, die für alle Kinder der Gruppe verpflichtend sind. Auch hinsichtlich des Anspruchs, den Spracherwerb von Kindern zu unterstützen und in diesem Zusammenhang ein Sprachvorbild zu sein, sei an dieser Stelle an Sie appelliert: Bitte formulieren Sie klar und eindeutig und benutzen Sie Begriffe sinnentsprechend, damit Kinder innere Bilder entwickeln und sich orientieren können.

Wenn Jungen und Mädchen also tatsächlich entscheiden können, ob sie Ihren Vorschlag annehmen und Ihr Angebot nutzen möchten, können Sie selbstverständlich bei der Formulierung „pädagogisches Angebot" bleiben. Falls dem aber nicht so ist und eine bestimmte Aktion für Kinder verpflichtend ist, dann nennen Sie es auch so.

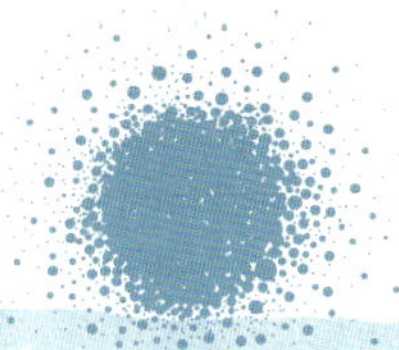

Das pädagogische Angebot

Der feine Unterschied: Der pädagogische Impuls

Ein pädagogischer Impuls hingegen ist ein Auslöser – und zwar von eigenständigen Handlungen, für die sich Kinder selbst entscheiden. So kommen sie in Selbstbildungsprozesse, wie Forschen, Entdecken, Ausprobieren, Verwerfen usw. Die Erzieherin kann den Erwerb von Fähig- und Fertigkeiten des einzelnen Kindes erkennen und unterstützen. Für pädagogische Impulse gilt: am besten so wenig wie möglich, so viel wie nötig vorgeben, vorbereiten. Im Fall des Lehrfilms ist dies gelungen durch eine vorbereitete Umgebung: ein Tisch mit einer Wachstuchdecke, ein Korb mit verschiedenen Utensilien, verschiedene Klumpen Knete und eine Knetunterlage. Die Neugier des Mädchens war geweckt und es machte sich auf seine individuelle Art und Weise auf den Weg, das angebotene Material und Werkzeug zu untersuchen und seinen Wünschen und Ideen entsprechend zu nutzen.

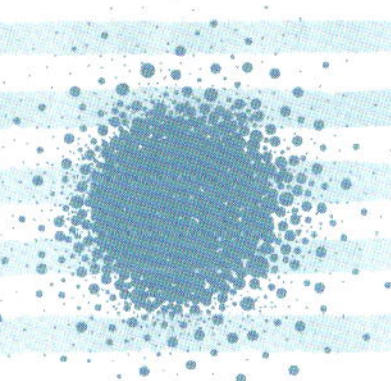

Das Belohnungsprinzip

Brunos Wetterkalender oder Ein missglückter Versuch

Bruno ist ein 4-jähriger Junge. Er geht schon seit drei Jahren in die Kindertagesstätte, doch die Erzieherinnen empfinden ihn als immer schwieriger. Er kann sich nur schwer an Regeln halten, vor allem wenn es darum geht, warten zu müssen, oder wenn es nicht so läuft, wie er es gern möchte. Dann wird Bruno wütend, er tobt los. Erst schreit er und wenn das nichts hilft, tritt er um sich oder haut andere Kinder. Wenn er ein Spielzeug haben möchte, mit dem ein anderes Kind gerade spielt, nimmt er es sich einfach – auch wenn das Kind es nicht hergeben wollte. Wenn er seinen Willen nicht bekommt oder die Erzieherin ihn in diesen Situationen unterbricht, kann es passieren, dass er zu einem Kind geht, sein Gebautes kaputt macht oder es kneift. Deshalb wollen die Kinder immer seltener mit ihm zusammen sein. Wenn er sie fragt, ob er mitspielen darf, lehnen sie es häufig ab. Dann wird Bruno wieder wütend.

Die Eltern und die Erzieherin haben oft darüber gesprochen. Auch zu Hause fällt es Bruno schwer, ein „Nein“ zu akzeptieren, und er zeigt dann ein ähnliches Verhalten. Es kann vorkommen, dass er sich auf den Teppich wirft und minutenlang schreiend wild um sich schlägt und strampelt. Die Erwachsenen sind sich einig, dass Bruno lernen muss, Frustration auszuhalten und Grenzen zu akzeptieren. Da alle Sanktionen bisher nichts gebracht haben, wollen sie gemeinsam einen neuen Weg versuchen. Die Erzieherin hat eine Idee aus einer Fortbildung mitgebracht und stellt sie den Eltern vor. Sie sind einverstanden.

Vorfreude

Am nächsten Tag, einem Freitag, nimmt sie Bruno im Freispiel zur Seite und fragt, ob er Lust hätte, mit ihr etwas zu basteln. Bruno fragt vorsichtig: „Nur du und ich?“. „Ja“, verspricht die Erzieherin. Bruno ist sofort begeistert dabei, denn es kam bisher selten vor, dass die Erzieherin mit ihm etwas machte, und dann auch noch Basteln, seine Lieblingsbeschäftigung. Er holt bereitwillig alles, worum ihn die Erzieherin bittet: eine Schere, gelben und blauen Tonkarton, Pappe, einen Bleistift und Filzstifte. Dann erklärt ihm die Erzieherin, worum es geht: Sie möchte mit ihm einen Wetterkalender basteln. Aber nicht irgendeinen, sondern einen Bruno-Wetterkalender für jeden Tag der Woche. Als Bruno sie fragend ansieht, fährt sie fort: „Der Kalender ist früh immer leer und nach dem Mittagsschlaf schauen wir, wie du am heutigen Tag warst, lieb oder böse, und ob du dich an die Regeln gehalten und die anderen Kinder nicht geärgert hast. Wenn alles toll war, bekommst du ein lachendes Gesicht als Symbol für die Sonne (einen Smiley). Wenn etwas nicht so gut lief, bekommst du eine Gewitterwolke. So können wir genau sehen, wie die Woche für dich so läuft. Und mit deinen Eltern habe ich auch schon gesprochen. Wenn du eine ganze Woche jeden Tag einen Smiley bekommst, haben sie eine Überraschung für dich!“. „Was denn für eine Überraschung?“, fragt Bruno neugierig. Doch die Erzieherin sagt, dass sie das nicht verraten dürfe, sonst wäre es ja keine Überraschung mehr. Bruno ist ja sooo gespannt, was das sein könnte. Das will er unbedingt herausfinden. Und so bastelt er fleißig eine gute halbe Stunde lang mit der Erzieherin lachende, gelbe Sonnengesichter und die finsteren, dunkelblauen Gewitterwolken.

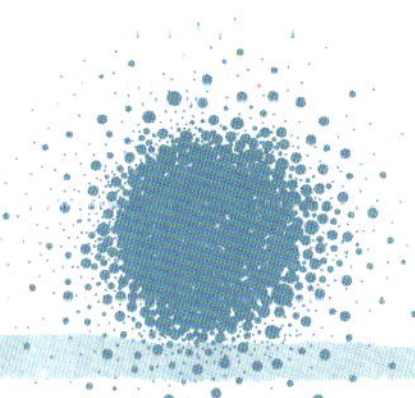

Das Belohnungsprinzip

Er schneidet die Schablonen aus und malt die jeweiligen Gesichtsausdrücke auf; das macht ihm sichtlich Spaß. Die Erzieherin hat inzwischen die Pappe zu einem Wochenkalender gestaltet. Die Wochentage von Montag bis Freitag sind einzeln als kleine Taschen aufgeklebt, in die man dann das jeweilige Symbol einstecken kann. Beim Mittagessen zeigt sie den anderen Kindern der Gruppe, was sie mit Bruno gebastelt hat, und erklärt auch, warum. Die Jungen und Mädchen haben schon die ganze Zeit neugierig gefragt, aber bisher keine Antwort erhalten. Sie sucht einen Platz auf dem kleinen Regal neben ihrem Erziehertisch, sodass alle Kinder es immer gut sehen können. Dann bittet sie alle Kinder, mit darauf zu achten, wie Bruno sich an jedem Tag verhält, sodass sie beim Kaffeetrinken täglich entscheiden kann, ob er ein lachendes Gesicht oder eine Gewitterwolke bekommt.

Die Kinder versprechen es. Bruno fragt, ob er heute schon einen Smiley bekommt. Die Erzieherin verneint es mit der Begründung, dass sie zwar heute den Kalender gebastelt hätten, die neue Woche und die ganze Aktion aber erst am Montag beginnt.

Läuft gut bisher

Am Montag hat es Bruno ganz eilig, in den Kindergarten zu kommen. Die Eltern freuen sich darüber und sind sehr gespannt. Schon am Wochenende hat Bruno von nichts anderem geredet als von seinem Wetterkalender. Und er hat sie immer wieder gelöchert, was denn die Überraschung sei. Doch die Eltern haben nichts verraten. Als sie ihn am Montag in den Gruppenraum bringen, bewundern sie seinen Kalender und wünschen ihm, dass er heute ein erstes lächelndes Gesicht bekommt. Und tatsächlich, Bruno gibt sich ganz viel Mühe, er haut und kneift nicht, nimmt keine Spielsachen weg und macht auch nichts kaputt. Zum Kaffeetrinken lobt ihn die Erzieherin und er darf einen Smiley in seinen Kalender stecken. Freudestrahlend rennt er seinen Eltern beim Abholen entgegen. Bis Donnerstag hat Bruno es geschafft, jeden Tag ein lächelndes Gesicht in seinem Kalender zu verbuchen.

Am Freitag ist er den ganzen Morgen zappelig, immer wieder schaut er zum Kalender. Wenn er es heute schafft, wieder ein lachendes Gesicht zu kriegen, dann bekommt er die Überraschung von seinen Eltern. Beim Mittagessen ist er so ungeduldig, dass er Nadine die Kartoffelschüssel zum Auffüllen aus der Hand nimmt. Dabei kippt die Teetasse um und alles läuft über den Tisch. Sofort rufen die Kinder, Bruno hat was verkleckert. Bruno beteuert: „Aber das war ja nicht mit Absicht“, und er steht von allein schnell auf, holt den Eimer und wischt alles auf. Die Erzieherin schaut mit hochgezogenen Augenbrauen zu, sagt aber nichts. Beim Mittagsschlaf kommt Bruno nicht wie sonst zur Ruhe, zu sehr ist er gespannt auf seinen fünften Smiley. Er dreht sich raschelnd hin und her oder spielt mit dem Kuscheltier. Die Erzieherin ermahnt ihn wiederholt, denn sie findet, dass Bruno die anderen Kinder beim Schlafen stört.

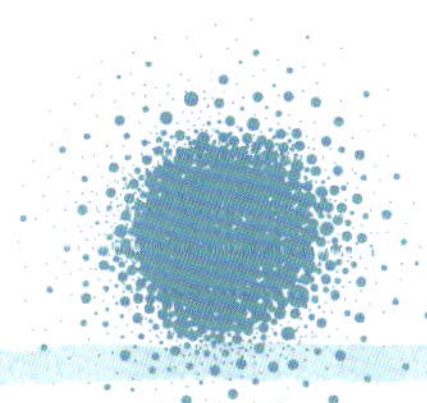

Das Belohnungsprinzip

Das hatte er sich irgendwie anders vorgestellt

Als es Kaffeezeit ist, sitzt Bruno als Erster und wartet gespannt darauf, sein nächstes Symbol in den Kalender stecken zu dürfen. Die Erzieherin fragt ihn, ob er glaubt, wieder einen Smiley zu bekommen. Bruno antwortet wahrheitsgetreu: „Ja!" Dann fragt sie die anderen Kinder, was sie meinen. Die Kinder protestieren und verweisen auf das Mittagessen. Die Erzieherin stimmt ihnen zu und ergänzt, dass Bruno ja auch beim Schlafen diesmal nicht lieb und ruhig gewesen wäre. Dann holt sie das Symbol der finsteren Gewitterwolke hervor und fordert Bruno auf, es in seinen Kalender zu stecken. Bruno sitzt da, wie gelähmt, seine Augen schreckgeweitet. Er kann es nicht fassen. Kein Smiley, alles umsonst! Die anderen Kinder lachen ihn hämisch aus, als er todunglücklich zu weinen anfängt. Die Erzieherin fordert ihn noch einmal auf, seine Gewitterwolke in den Kalender zu stecken, schließlich wäre das so vereinbart gewesen. Bruno schüttelt langsam den Kopf, während weiter Tränen seine Wangen herunterkullern. Achselzuckend und mit dem Kommentar „Daran bist du selbst schuld, Bruno!", steckt die Erzieherin nun selbst das Kärtchen in den Kalender. Bruno schreit laut: „Nein!", rennt in die Kuschelhöhle, verkriecht sich dort und weint leise vor sich hin. Als die Eltern ihn wenig später abholen wollen, berichtet die Erzieherin, was vorgefallen war. Die Eltern sind enttäuscht, dass es nicht geklappt hat. Die Erzieherin tröstet sie damit, dass es nächste Woche bestimmt besser läuft. Dann gehen die Eltern zur Kuschelhöhle und rufen leise nach Bruno. Der fällt ihnen gleich laut schluchzend in den Arm, unfähig zu erzählen, was Schlimmes passiert ist. Die Eltern tragen ihn zur Flurgarderobe und versuchen, ihn zu beruhigen. Sie erklären ihm, warum er kein lachendes Gesicht bekommen hätte und dass dies nun einmal die Regel sei und er sich eben nächste Woche mehr anstrengen müsse, dann klappt es bestimmt und er bekommt seine Belohnung. Bruno schaut sie finster an und verschränkt wütend die Arme vor seiner Brust. Er lässt sich nur widerwillig anziehen und geht schließlich mit hängenden Schultern und gesenktem Blick mit seinen Eltern nach Hause. Von der Erzieherin verabschiedet er sich heute nicht, trotz Ermahnungen der Eltern.

Das Wochenende verläuft für Bruno und seine Eltern durchwachsen. Irgendwie sind alle enttäuscht und so ist der Wetterkalender immer wieder Thema. Bruno findet die Entscheidung der Erzieherin gemein. Aus seiner Sicht hat sie das nur gemacht, um ihn zu ärgern, weil sie ihm die Überraschung nicht gönnt. Schließlich war das beim Mittagessen ja ein Missgeschick und bei der Mittagsruhe hat er sich wirklich bemüht, ganz leise zu sein.

Die Aussichten sind trüb

Als er am nächsten Montag in den Kindergarten kommt, ist der Kalender leer und wartet darauf, neu befüllt zu werden. Leider kommen in dieser Woche nur Gewitterwolken dazu. Es ist zum Verzweifeln. Gleich am Montagmorgen nimmt Sammy sich einfach das gelbe Auto aus der Kiste, obwohl er doch weiß, dass das Brunos Lieblingsauto ist und er immer damit spielt. Also holt es sich Bruno zurück. Natürlich gibt es Sammy nicht freiwillig heraus, aber Bruno ist stark und so braucht er nicht lange, um es sich von Sammy zurückzuholen. Dieser schreit sofort los; die erste Gewitterwolke landet im Kalender. Bruno ist frustriert. Er weiß, dass er die Überraschung nur dann bekommt, wenn jeden Tag ein Smiley im Kalender ist. Die Gewitterwolke gleich am Montag bedeutet für ihn: Egal, wie lieb er an den anderen Tagen sein wird, die Überraschung ist futsch und er muss noch länger auf sie warten.

Das Belohnungsprinzip

Deshalb gibt sich Bruno erst gar keine Mühe, weder am Dienstag und Mittwoch noch am Donnerstag und Freitag. Die ganze Woche Regenwetter und keine Belohnung für Bruno!

Die Erwachsenen besprechen am Freitag leise, wie sie jetzt weiter vorgehen wollen; mit dieser Entwicklung hatte ja nun keiner gerechnet. Die Erzieherin schlägt vor, dass die Eltern Bruno am Wochenende motivieren. Sie könnten ihm Folgendes versprechen: Wenn er am Montag ein lachendes Gesicht bekommt, verraten sie ihm schon mal, was sie sich als Überraschung überlegt haben! Die Erwachsenen hoffen, dass dies für Bruno Anreiz genug ist, in der kommenden Woche weitere Smileys zu sammeln.

Die Überraschung

Bruno schafft es am Montag, sich so zu verhalten, dass die Erzieherin nichts auszusetzen hat, er wird mit einem lachenden Sonnengesicht belohnt. Am Abend erfährt er nun endlich, was die Überraschung seiner Eltern ist: Sie würden mit ihm am Wochenende zu seiner Oma fahren, die er schon eine ganze Weile nicht gesehen hat. – Was, das ist die Überraschung? Bruno ist enttäuscht. Ja klar, er mag seine Oma und es stimmt, er hat sie schon lange nicht mehr gesehen. Aber wieso sollte er dafür besonders lieb sein? Sie haben doch auch früher die Oma besucht, ohne dass er deshalb extra lieb sein musste. Bruno versteht das nicht. Er hat sich etwas völlig anderes unter der Überraschung vorgestellt. Z. B., dass sie endlich mal wieder in das tolle Schwimmbad gehen. Oder dass er sich in der Eisdiele mal eine Tüte mit vier Kugeln statt immer nur einer aussuchen könnte. Oder dass er mal wieder mit zum Angeln darf oder oder oder … Ihm fallen tausend Dinge ein, die er als Belohnung toll gefunden hätte, aber die Oma besuchen?

Und so kam es, wie es kommen musste. Bruno verlor die Lust und das Interesse, Smileys für seinen Kalender zu sammeln. Außerdem fand er es ziemlich gemein und gehässig von der Erzieherin und den Kindern, ihm beim Kaffeetrinken immer alles aufzuzählen, was er angeblich wieder falsch gemacht hätte. Er wurde von Tag zu Tag wütender auf seine Eltern, die Erzieherin und die Kinder. Und so riss er eines morgens gleich beim Reinkommen den Kalender von der Wand, zerknüllte ihn und warf ihn anschließend in den Papierkorb. Finster schaute er die sprachlose Erzieherin an. „So!", sagte er laut und deutlich für alle. Dann stapfte er zornig in die Kuschelhöhle und verkroch sich für den Rest des Vormittags.

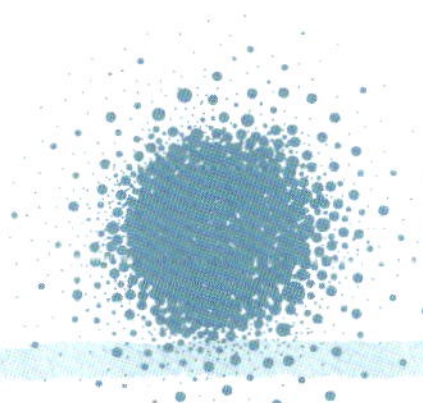

Das Belohnungsprinzip

Und nun mit der Lupe

Die Erzieherin hat wahrgenommen, dass es Bruno nach wie vor schwerfällt, Regeln und Grenzen einzuhalten. Momente, in denen er seinen Willen nicht durchsetzen kann, hält er schwer aus. Dieses anhaltende Verhalten bespricht sie mit den Eltern. Gemeinsam entscheiden sie sich für ein Lernprinzip aus der Verhaltenspsychologie: Beeinflussen des Verhaltens in die gewünschte Richtung durch Erfolg (Belohnung), in der Fachsprache als operante Konditionierung bezeichnet. Das Kind lernt aufgrund seines gezeigten Verhaltens, ob es belohnt wird oder nicht. Dieses Training führt jedoch nicht zu der Einsicht oder dem Verständnis, dass sein bisheriges Verhalten in diesen Situationen falsch war. Das Kind lernt ausschließlich: Wenn ich mich entsprechend der getroffenen Vereinbarung verhalte, bekomme ich nach einem gewissen, vorher festgelegten Zeitraum eine Belohnung. Gesteuert wird also die Häufigkeit des Auftretens einer gewünschten Verhaltensweise aufgrund positiver Konsequenzen. Ziel ist es, dass dies langfristig zu einer Veränderung des Verhaltens führt, auch ohne weitere Belohnungen. Es ist Lernen am Erfolg (in dem Falle aufgrund von Belohnung), nicht aber Lernen durch Einsicht, also durch Verstehen und Begreifen. Wir sind nicht grundsätzlich gegen Lernen durch Verstärker, aber führt dieser Weg bei Bruno dauerhaft dazu, dass er Frustrationstoleranz und soziale Kompetenzen entwickeln kann? Zum einen spielt, wie in dem Beispiel von Bruno, die Art der Belohnung eine entscheidende Rolle, ob das Kind motiviert ist, sein Verhalten dafür zu ändern. Mit anderen Worten: Ist die Belohnung attraktiv genug, um sich anzustrengen? Zum anderen beeinflusst auch die Einschätzung des Kindes, wie wahrscheinlich es ist, die Aufgabe tatsächlich erfolgreich bewältigen zu können, ob es anstrengungsbereit ist oder bleibt. Offen bleibt auch die Frage: Wenn die Belohnung erreicht wurde, inwiefern kann das Kind erneut motiviert werden, sein bisheriges Verhalten dauerhaft zu verändern? Oder müssen die Belohnungen immer wieder verstärkt werden, um attraktiv genug zu bleiben? Und weiterführend: Was lernt das Kind daraus? Lernt es wirklich: Wenn ich etwas möchte, muss ich fragen und auch ein Nein akzeptieren, Hauen und Kneifen sind keine Lösungen und mit anderen Strategien komme ich viel besser zum Erfolg? Oder lernt es: Wenn ich mache, was die Erwachsenen wollen, bekomme ich eine Belohnung, also möchte ich zukünftig grundsätzlich für positives Verhalten materiell belohnt werden? Im Übrigen setzt dieser Ansatz auch voraus, dass Bruno sein Verhalten immer bewusst steuern kann. Schauen wir uns den Unterschied zwischen Verhalten und Handeln an (siehe Kapitel 2), scheint dies schwer möglich.

Zurück zu Bruno: Er findet die Aussicht auf Belohnung zu Beginn toll und bereitet alles mit vor. Zuerst strengt er sich an, lieb zu sein – auch wenn im Vorfeld nie konkret definiert wurde, was alles unerwünscht ist und dazu führen würde, kein lachendes Gesicht zu erhalten. Zuerst ist er motiviert, dann erlebt er auf der Zielgeraden eine Enttäuschung. Die Entscheidung kann er nicht verstehen. Es fällt ihm schwer, erneut das gewünschte Verhalten zu zeigen. Bereits bei einer Gewitterwolke weiß er, dass er es auch in dieser Woche nicht geschafft hat. Die konkret in Aussicht gestellte Belohnung ist für ihn kein Anreiz und er bricht den Versuch, sich anders zu verhalten, ab.

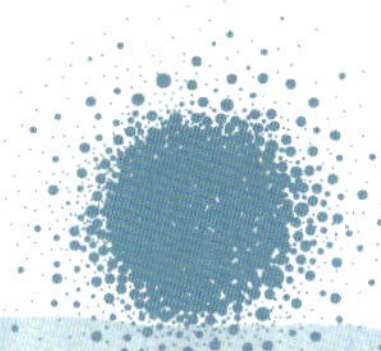

Das Belohnungsprinzip

Wie erlebt das Kind das Verhalten der Erzieherin? Welche Auswirkungen könnte es auf sein Selbstbild haben?

- Ich störe, ich bin böse.
- Mein bisheriges Verhalten ist unerwünscht.
- Die Erzieherin glaubt, ich mach das mit Absicht.
- Die Erzieherin versteht mich nicht.
- Die Kinder spielen nicht mit mir, weil ich so bin, wie ich bin.
- Die Erzieherin weiß, was für mich richtig ist, sie hat etwas entschieden.
- Wenn ich tue, was die Erzieherin sagt oder erwartet, werde ich belohnt.
- Ich schaffe das sowieso nicht.
- Es lohnt sich nicht für mich, mich anzustrengen.

Wie fühlt sich die Erzieherin? Was mag in ihr vorgehen?

- Ich bin gestresst und genervt von Brunos bisherigem Verhalten.
- Ich bin verantwortlich für die Korrektur kindlichen Verhaltens.
- Ich bin enttäuscht, weil meine Vorschläge nicht richtig fruchten.
- Ich weiß nicht, was ich **noch** machen soll.

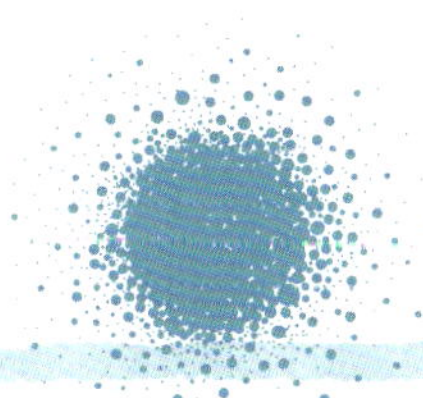

Das Belohnungsprinzip

Ein Vorschlag

Gäbe es vielleicht die Möglichkeit, Lernen durch Erfolg und Lernen durch Einsicht miteinander zu kombinieren? Welche Alternativen wären vorstellbar gewesen? Unternehmen wir folgendes Gedankenexperiment:

Die Aufgabe der Erzieherin besteht darin, Bruno dabei zu unterstützen, andere Handlungsstrategien zu entwickeln. Dazu muss ihm sein Verhalten einschließlich der Folgen bewusst werden. Die Erzieherin kann ihm – z. B. durch Vorbildwirkung und in Interaktion mit ihm – Alternativen zeigen, wie er sich verhalten könnte, wenn er frustriert ist. Sie kann Bruno fragen, wie er sich fühlt, wenn Kinder ihn nicht mitspielen lassen oder er warten muss oder etwas nicht nach seinem Willen läuft. Dadurch nimmt sie seine Gefühle in den jeweiligen auch für ihn stressbesetzten Situationen ernst und er wird sich dieser dadurch stärker bewusst. Sie kann ihm anbieten, gemeinsam zu versuchen, neue Wege zu gehen und ihm zu helfen, mit diesen neuen Strategien erfolgreich zu sein.

Dazu muss als nächster Schritt klar benannt werden, welche bisherigen Strategien in welchen Situationen zukünftig nicht mehr geduldet sind und von der Erzieherin unterbrochen oder gar nicht erst zugelassen werden (dies setzt die Möglichkeit und Fähigkeit der aufmerksamen Beobachtung voraus, um in den Situationen zeitnah reagieren zu können). Die Erzieherin sollte hierbei darauf achten, dass sie mit Bruno erst mal nur **eine** Verhaltensweise aussucht – und zwar jene, die hinsichtlich sozialer Werte und Normen am meisten stört, z. B. das Hauen und Kneifen, wenn Bruno ein Spielzeug nicht bekommt. Diese Situationen sind im Tagesablauf überschaubar und auch für Bruno ist klar, auf welche konkreten Handlungen sich die Absprache mit der Erzieherin bezieht.

Damit Bruno seinen Erfolg **sehen** kann, bietet sie ihm an, einen Wochenkalender zu basteln, der immer dann mit Smileys bestückt wird, wenn Bruno es geschafft hat, in der Situation nicht zu hauen oder zu kneifen. Auch wenn es ihm auf anderem Wege, z. B. durch Fragen und/ oder Warten besonders gut geglückt ist, eine typische Situation zu meistern, bekommt er ein lachendes Gesicht. Gewitterwolken gibt es nicht. „Kein Lachen" reicht zur Wahrnehmung vollkommen aus.

Wichtig ist, dass sie ihn immer erst fragt, wie er sich selbst einschätzt, was ihm aus seiner Sicht heute gut gelungen ist und was heute nicht so gut geklappt hat. So unterstützt sie ihn, sein Verhalten einschätzen zu lernen. Auf keinen Fall darf sie ein neues positives Verhalten aufrechnen gegen eine andere, noch unerwünschte Verhaltensweise von Bruno, z. B. Vordrängeln an der Tür. Immer eins nach dem anderen, Schritt für Schritt. Sonst kommt es für Bruno leicht zu Überforderung und Demotivation – und wohin das führt, haben wir in unserer Bucheinleitung bereits für Erzieherinnen aufgezeigt.

Die Idee, einen weiteren Verstärker in Form einer Belohnung einzubauen, ist ja grundsätzlich nicht verkehrt. Die Frage ist nur: Welche Belohnung und wofür genau? Fangen wir mal mit Letzterem an: Für den Einstieg wäre es zu viel verlangt, an jedem Tag der Woche einen Smiley schaffen zu müssen. Die Belohnung hätte sich ja erledigt, sobald an einem einzigen Tag das lachende Gesicht fehlt. Empfehlenswert ist, eine Anzahl zu erreichender Smileys zu vereinbaren, z. B. drei. Diese behalten auch dann ihre Gültigkeit, wenn an einem oder mehreren Tagen kein neuer hinzugekommen ist. Vielleicht sind es an einem anderen Tag auch mal zwei oder drei neue lachende Gesichter. Nach erreichter Anzahl kann Bruno die lachenden Symbole einlösen und sich

Das Belohnungsprinzip

eine **besondere** Interaktion mit der Erzieherin wünschen (also etwas, das über die täglichen Interaktionsangebote der Erzieherin hinausgeht). Seine Wünsche wurden vorher in einer Wunschliste zusammengetragen. Hinter jedem Wunsch ist vermerkt, wie viele Smileys Bruno zum Einlösen braucht (kürzere Interaktionen drei Smileys, längere z. B. fünf). Er kann also immer wählen, ob er noch weitersammeln oder schon etwas einlösen möchte. Da Bruno gern bastelt, könnte es hier Ideen geben, vielleicht möchte er auch eine Lesegeschichte aussuchen dürfen oder ein bestimmtes Spiel mit der Erzieherin spielen. Die Belohnung im Kindergarten zu lassen und an die Interaktion mit der Erzieherin zu knüpfen, ist logisch, denn es bezieht sich direkt auf Brunos Verhalten vor Ort und die Regeln im Kindergarten.

Bruno würde erkennen, dass sein Handeln positive Konsequenzen hat. Unterschätzt werden oft weitere Verstärker: Bruno sieht, dass die Erzieherin ihn anlächelt. Er wird von ihr konkret für sein Verhalten gelobt. Seine Selbstwahrnehmung, sein Selbstbild, verändern sich. Mit ihrer Hilfe schafft er es beispielsweise, dass die anderen Kinder wieder mit ihm spielen möchten (weil er **gefragt** hat, ob er ein Spielzeug haben kann). Die Kinder erleben Bruno anders; er wird als Spielpartner wieder attraktiv. Bruno spürt, dass er mit den neuen Strategien weiterkommt, dass er Erfolgserlebnisse hat. Er ist weniger wütend und frustriert. Der Erfolg motiviert ihn, weitere Versuche zu starten und nicht aufzugeben, wenn es einmal nicht gleich beim ersten Mal klappt. Dass die Erzieherin mit ihm gemeinsam wartet, wenn er bei einem Spielzeug nicht sofort an der Reihe ist, gibt ihm Halt. Er fühlt sich verstanden. Die Eltern freuen sich über die Rückmeldungen der Erzieherin. Sie kommen entspannter in den Kindergarten und haben nicht mehr jeden Tag Sorge, was heute wieder passiert sein könnte.

Wie würde Bruno das Verhalten der Erzieherin erleben? Welche Auswirkungen könnte das auf sein Selbstbild haben?

- Die Erzieherin glaubt an mich.
- Die Erzieherin versteht mich.
- Die Erzieherin weiß, wie schwer es mir manchmal fällt, etwas auszuhalten und abzuwarten.
- Ich glaube an mich, dass ich es schaffen kann.
- Die Erzieherin hat mit mir zusammen entschieden, was ich tun kann.
- Die Erzieherin unterstützt mich.
- Wenn etwas nicht gleich klappt, ermutigt sie mich.
- Sie bezieht mich ein, ich werde gehört und kann selber Vorschläge machen.
- Ich kann mitbestimmen, welche neuen Strategien ich ausprobiere.
- Ich werde gefragt, was ich möchte.
- Es lohnt sich für mich, neue Wege zu gehen.
- Die Kinder spielen wieder mit mir.
- Ich schaffe das.

Kapitel 5

Wie kommen Erzieherinnen in Grenzsituationen?

Nachdem wir viele Gründe betrachtet haben, warum Kinder uns an unsere Grenzen bringen können, wollen wir uns dem Thema noch von einer anderen Seite nähern: Was ist es in mir, was mich an meine Grenze bringt? Jede pädagogische Fachkraft bringt auch eigene Stolpersteine mit, die häufig in unserem Selbstverständnis begründet liegen: unsere Auffassung der eigenen Rolle, unser Bild vom Kind, unser Festhalten an bestimmten Tagesstrukturen oder an Regeln, die wir übernommen und nicht weiter geprüft haben. Gibt es grundsätzliche Stolpersteine, die wir aus dem Weg räumen können?

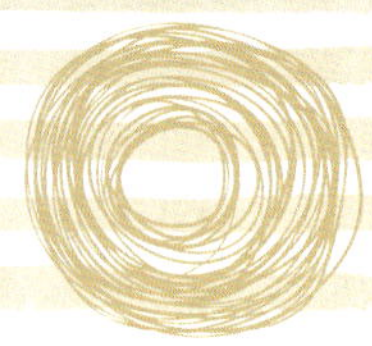

Die Rollen der pädagogischen Fachkraft

In den letzten Jahrzehnten hat sich unser Wissen über frühkindliche Bildungs- und Entwicklungsprozesse massiv erweitert und gewandelt. Das führt zwangsläufig zur kritischen Hinterfragung der Rolle von Erzieherinnen. Das Verständnis davon, wie Kinder lernen und die Welt begreifen, beeinflusst das pädagogische Handeln unmittelbar.

In der Zeit, in der Bildung noch als reine Wissensvermittlung definiert wurde, kamen pädagogischen Fachkräften vorrangig folgende Rollen zu:

- Bestimmen, **was** Kinder **wann** lernen sollen (Entwicklungsziele festlegen)
- Planen (was mache ich taggenau wann, mit welcher Methode)
- Erklären (den Kindern die Vorgehensweise beschreiben)
- Vormachen (den Kindern den gewünschten Lösungsweg zeigen)
- Lehren (den Kindern die eigene Methode beibringen)
- Korrigieren, Verbessern (die Kinder auf vorgegebene Schrittfolge hinweisen und gegebenenfalls wiederholen lassen, berichtigen)
- Regeln festlegen (damit alle Kinder zur gleichen Zeit das Gleiche lernen)
- Aufpassen, dass die Kinder sich an die aufgestellten Regeln halten (kontrollieren)
- Kindliche Entwicklung anhand von Normen überprüfen und protokollieren

Die Rollen der pädagogischen Fachkraft

Die Haltung, die dem zugrunde liegt, umfasst folgende Vorstellungen:

- Ich erkläre dem Kind, wie die Welt funktioniert und was richtig und falsch ist.
- Das Kind braucht mich und meine permanente Hilfestellung und Korrektur.
- Ohne meine Planung und mein Eingreifen wird das Kind die notwendigen Fähigkeiten und Fertigkeiten für sein weiteres Leben nicht lernen.
- Ich weiß, was wann richtig für das Kind ist.
- Ich bestimme, welche Erfahrungen für das Kind richtig und wichtig sind.
- Ich bringe dem Kind etwas bei.

Wenn wir Bildung als aktiven Prozess verstehen, dessen Akteur das Kind selbst ist, dann verschieben sich unsere Rollen. Wir sind dann:

- Beobachterinnen (Wie geht es dem Kind? Was macht es? Wofür interessiert es sich?)
- Vorbereiterinnen und Zur-Verfügung-Stellende (Räume, Material, Zeit)
- Motivierende und Mut-Zusprechende, An-das-Kind-Glaubende (wenn etwas nicht gleich gelingt)
- Tröstende (wenn etwas schiefläuft oder das Kind Kummer hat)
- Fragende (um das Kind zu verstehen)
- Zulassende und Sich-darauf-Einlassende (wenn Kinder etwas anders machen, als wir erwartet oder vorgeschlagen hatten; wenn sie also ganz eigene Erfahrungen machen)
- Staunend-Lernende (bezüglich der Ideen und Lösungen des Kindes)
- Begleitende (ohne sich einzumischen)
- Bewunderinnen (indem wir den **Weg**, den das Kind geht, feiern – und nicht das Ergebnis)
- Dokumentierende (indem wir das Lernen der Kinder sichtbar machen, z. B. durch Fotos, Videos oder Bildungs- und Lerngeschichten)
- Lernende (weil wir jeden Tag staunen, was Kinder alles können, und dabei selber Neues – auch über uns selbst – erfahren)

Wir wären dann „professionelle Faulenzer", weil wir nicht mehr die „Vorturner" sind, sondern pädagogische Impulse setzen, um zu schauen, was Kinder daraus machen. Tätig werden wir erst dann, wenn Kinder den Wunsch nach Unterstützung signalisieren – getreu dem bekannten Leitgedanken von Maria Montessori: *Hilf mir, es selbst zu tun.* Hier geht es darum, die Geduld aufzubringen, Kinder Dinge auf ihre Weise ausprobieren zu lassen, ihnen damit verbundene Fehler zuzugestehen sowie bewusst auszuhalten, dass es sie Anstrengung kostet, etwas zu lernen.

Dieses neue Rollenverständnis bedeutet weder Müßiggang noch Nichtstun. Wir sind trotz allem voll beschäftigt, nur auf andere Weise. Was sich grundlegend verändert hat, sind unsere Haltung und unser Bild vom Kind.

Anhand eines Fallbeispiels aus der Praxis zeigen wir nachstehend diesen Unterschied auf, inklusive der Stolpersteine, die dann auftauchen, wenn uns unsere alten Rollen einholen:

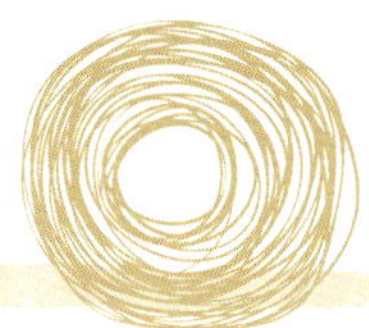

Die Rollen der pädagogischen Fachkraft

Das Aquarium oder Wenn zwei das Gleiche tun, ist es noch lange nicht Dasselbe

Als Kita-Leiterin hatte ich die Idee, im Flurbereich ein Aquarium aufzustellen. Zum einen hatte ich im privaten Umfeld mehrfach erlebt, welche Faszination Fische bereits auf Kleinkinder ausüben. Zum anderen versprach ich mir für typische Wartezeiten der Kinder im Flur eine Entspannung für alle Beteiligten, z. B. in der Bringe- und Abholsituation oder wenn noch nicht alle angezogen sind, um gemeinsam in den Garten zu gehen. Mein Mann kümmerte sich seit Jahren allein um unser Aquarium zu Hause und es sah für mich in der Pflege und Unterhaltung stets leicht aus.

Fischfragen im Zooladen

An einem Freitagnachmittag fuhr ich in die Stadt in ein Zoofachgeschäft. Ich wollte alles am Wochenende aufgebaut haben, um den Kindern am Montagmorgen eine große Überraschung zu bereiten. So wählte ich ein kleines Aquarium nebst Grundausstattung, das extra für den Neueinsteiger empfohlen wurde. Dann schaute ich mir alle Fische an und zeigte dem Mitarbeiter, welche Fischarten ich in welcher Anzahl gern hätte. Dieser stellte mir plötzlich Fragen, auf die ich nicht vorbereitet war, z. B. ob es ein Salzwasser- oder Süßwasseraquarium und wie groß das Becken sei. Ich schaute ihn verständnislos an. Er erklärte mir, dass einige der von mir gewünschten Fische eben nur in Salzwasser leben können und außerdem genügend Platz benötigen. Bis dato hatte ich nie darüber nachgedacht. Ich fragte mich, was das wohl für ein Aquarium bei uns zu Hause sei. Ich rief mir die darin lebenden Fische ins Gedächtnis und kam zu dem Schluss, es müsse sich um ein Süßwasseraquarium handeln. Daraufhin wurden mir diverse Fische gezeigt. Ich fragte noch, ob die pflegeleicht seien, und nachdem wir auch das geklärt hatten, wählte ich einige Exemplare aus. Ganz stolz war ich, als ich selbst darum bat, noch zwei sogenannte Scheibenputzerfische (eine Welsart) einzufangen. Die sollten die Scheiben des Aquariums von Algenbewuchs reinigen; das kannte ich von zu Hause. Während der Mitarbeiter die Fische mit dem Kescher aus den großen Becken fing, machte ich mich auf die Suche nach dem notwendigen Fischfutter. Ich fand die passende Sorte und wählte eine große Vorratsdose, die war preisgünstiger und ich müsste dafür nicht so bald wieder in die Stadt fahren. An der Kasse kam für mich dann ein Riesenschock: Der Mitarbeiter präsentierte mir die Fische in diversen, mit Wasser gefüllten Plastiktüten. Ganz ehrlich, ich hatte mir vorher überhaupt keine Gedanken darüber gemacht, wie Fische verpackt und transportiert werden. Mein Gesichtsausdruck sprach wohl Bände. Der freundliche Mann erklärte mir, dass das so üblich sei und den Fischen nichts passiert, sofern sie möglichst zeitnah in das entsprechende Aquarium umgebettet werden. Auch für diese Umbettung hatte er noch einen wichtigen Hinweis parat: „Das Wasser im Aquarium muss bereits einen längeren Zeitraum über eingefüllt sein, bevor Sie die Fische bitte erst mit der Tüte ins Becken halten, damit ein langsamer Temperaturausgleich stattfinden kann." Ich war völlig überfordert. Worauf hatte ich mich da eingelassen? Es sah doch zu Hause immer alles so einfach aus!

Erste Verluste und neue Fragen

Ich fuhr mit meinen Einkäufen in die Kita. Um es kurz zu machen: Den Transport und das Umfüllen in ihr neues Zuhause überlebte nur ein Drittel der Fische. Immerhin konnte ich am Montagmorgen ein Aquarium mit Fischen präsentieren. An jenem

Montag waren die Fische natürlich DAS Thema, auch für meine zwei Kolleginnen, die ich im Vorfeld nicht über die Aktion informiert hatte. Sollte ja auch für sie eine Überraschung sein. So richtig gelungen schien sie allerdings nicht. Sie quälten sich sofort mit Fragen: Wer soll sich denn jetzt immer darum kümmern? Wer macht das Aquarium regelmäßig sauber? Wie werden die Fische am Wochenende versorgt? Fragen über Fragen, auf die ich erst einmal keine Antwort wusste – bis auf eine: Die Fische sollten von den Kindern gefüttert werden. So könnten sie lernen, Verantwortung zu übernehmen, das ist schließlich eine Sozialkompetenz.

In der ersten Zeit würden wir Erwachsene die Fische füttern und dann würden wir das den Kindern beibringen.
Doch zuerst einmal mussten wir die Krippenkinder davon abhalten, vor Freude immer wieder gegen die Scheibe zu hauen. Die älteren Kinder schubsten sich gegenseitig weg, um ja genug sehen können. Das hatte ich mir irgendwie anders vorgestellt. Aber ich war optimistisch, dass sich alle wieder beruhigen würden.

Zooladen – Teil II

Für die Großen hatte ich in dieser Woche noch etwas Besonderes geplant: Wir wollten mit dem Bus noch einmal gemeinsam zum Zooladen fahren und weitere Fische kaufen, was ja aus bekannten Gründen nötig war. Dieses Mal fühlte ich mich bestens vorbereitet (kleiner Lacher an dieser Stelle). Ich fuhr mit einer Praktikantin und 15 aufgeregten Kindergartenkindern mit dem Bus in die Stadt. Die Busfahrt an sich war für viele Kinder schon spannend, aber dann erst das Zoofachgeschäft! Vor dem Laden sammelte ich alle Kinder um mich herum und erklärte, wie man sich in einem solchen Laden verhält: leise, nur gucken und nichts anfassen! Dann ließ ich sie die aufgestellten Regeln wiederholen und ermahnte sie, sich daran zu halten. Als ich die Ladentür öffnete, schwärmten meine Kinder sekundenschnell aus. Der Mitarbeiter erkannte mich wieder, seine Augen waren leicht schreckgeweitet und er wurde blass, als er sah, wen ich alles mitgebracht hatte. Kurzum, der Ausflug endete mit einem mehr oder weniger klar ausgesprochenen Hausverbot für uns. Sie ahnen ja gar nicht, von wo ich die Kinder herausholen musste und was für Tiere sie unbedingt anfassen wollten. Es gibt ja nicht nur Fische in einem solchen Laden. Immerhin hatte ich es geschafft, Nachschub zu besorgen und hielt den Kindern stolz meine Beute vor die Nase, bevor ich die Plastiktüten in meinem Rucksack verstaute. Leider sind weder ich noch die Praktikantin dazu gekommen, Fotos während unseres Ausflugs zu machen. Mist, schon wieder nicht!

Füttern, Warten und weitere Verluste

In der Kita angekommen, zeigte ich den Kindern, wie die Fische umgefüllt werden. In der nächsten Teamberatung versuchten wir, zu klären, wie die Kinder zukünftig die Fische selbst füttern könnten. Ein komplizierter Monatsplan wurde erstellt: An jedem Tag war ein bestimmtes Kind dafür vorgesehen, bis 09:00 Uhr die Fische zu füttern. Von der Kollegin, die Frühdienst hätte, sollte anschließend ein Erledigt-Haken in den Plan eingetragen werden. Es kam, wie es kommen musste. Entweder waren die tagesaktuell verantwortlichen Kinder nicht da, weil sie krank oder im Urlaub waren. Oder die Kollegin hatte vergessen, die entsprechende Änderung im Plan zu vermerken, sodass manche Kinder mehrfach hintereinander dran waren und andere gar nicht. Den Kindern, die warten mussten, zeigten wir am Kalender, wie oft sie noch schlafen müssen, bis sie mit dem Füttern an der Reihe sind. Das führte dazu, dass sie uns jeden Tag mehrmals löcherten, wie oft sie denn jetzt noch schlafen müssten. Und eines Tages geschah es, dass sich Fabian, der noch mindestens 12-mal hätte schlafen müssen, in meinem Frühdienst leise in den Flur schlich, während ich in der Küche den Tee kochte. Ich hörte nur ein erschrockenes „Uuuups": Fabian wollte wohl ganz schnell heimlich die Fische füttern; er wusste offenbar, dass er eigentlich nicht an der Reihe gewesen war. Nur ist ihm dabei aus Versehen der gesamte Inhalt der Vorratsdose ins Aquarium gefallen, weil sie so schwer war. Ich rief umgehend einen Vater an, der zu Hause Fische im Aquarium hält. Er eilte in die Kita, pumpte das Wasser weitestgehend ab und reinigte das Becken, so gut es ging. Erneut war unsere Fischanzahl geschrumpft. Zum Glück schenkte er uns ein paar Tage später Nachwuchs von seinen eigenen Fischen. Dennoch blieb bei mir die Enttäuschung darüber, dass wieder etwas, das ich mir so toll für die Kinder vorgestellt hatte, bisher so grundlegend schiefgegangen war. Und irgendwie konnte ich Fabian auch verstehen. Wie soll man denn als 5-Jähriger aushalten können, noch 12-mal zu schlafen, das klingt doch nach einer halben Ewigkeit!

Die Rollen der pädagogischen Fachkraft

Und nun mit der Lupe

Wieder einmal half mir der Zufall auf die Sprünge, um mein eigenes pädagogisches Handeln reflektieren und daraus lernen zu können. Ein halbes Jahr nach der Anschaffung unseres Aquariums fiel mir ein schmales Buch aus der Reggio-Pädagogik in die Hände: „Die Kinder vom Stummfilm".[13]

Es beschreibt mit einem kurzen Text und vielen Momentaufnahmen ein Projekt, seine Entstehung und seinen Verlauf.
Die Hauptakteure: ein- bis 2-jährige Kinder, die sich verbal noch nicht (oder nur wenig) mitteilen und doch die ganze Zeit sprechen. Der Verlauf darin spiegelt die Geschichte des Aquariums – wie sie auch hätte sein können:

Eines Tages gibt es zwei neue Bilderbücher in der Krippe. Die Erzieherin hatte sie gekauft und gut sichtbar auf dem kleinen Regal über der Kuschelecke platziert. Es dauert nicht lange, da haben die Kinder die Bücher entdeckt und holen sie zum Anschauen herunter. Ein Buch handelt von einem Nilpferd, das andere von Goldfischen. Die Erzieherin beobachtet die Kinder in ihrem Tun und lässt sie die Bücher erst einmal selbst anschauen. Dann bringen die Kinder die Bücher zu ihr und sie erzählt die jeweilige Geschichte. Dabei sitzt sie auf Augenhöhe der Kinder. Diese lauschen andächtig und zeigen auf die Bilder. In den kommenden Tagen stellt die Erzieherin fest, dass das Buch über die Goldfische für die Jungen und Mädchen am spannendsten ist. Immer wieder holen sie es sich selbst oder fordern die Erzieherin durch Hinhalten des Buches auf, die Geschichte erneut zu erzählen. Sie erkennt, dass das Interesse der Kinder an den Fischen geweckt ist, und überlegt, wie sie dies weiterhin unterstützen und fördern kann. Ein wichtiger Anspruch der Reggio-Pädagogik ist es, den Kindern einen Bezug zur Wirklichkeit zu bieten, damit sie die reale Welt begreifen und verstehen lernen. Da liegt die Idee nahe, ein Aquarium mit Goldfischen anzuschaffen. Die Erzieherin informiert sich, was dafür alles benötigt wird und was die Haltung und Pflege der Fische beinhaltet. Einige Tage später geht sie mit zwei Krippenkindern in ein Zoofachgeschäft. Sie schaut sich mit ihnen in Ruhe alles an, dann kaufen sie die Goldfische. Die Fische werden auch hier in Plastiktüten mit Wasser für den Transport verpackt. Die Fische tragen die Kinder, jeweils eine Tüte in der Hand. Mit der anderen Hand haben sie die Erzieherin angefasst, die sie sicher durch den Straßenverkehr führt. Zurück in der Kita, zeigt sie den schon wartenden anderen Kindern, wen sie mitgebracht haben.
Die Kinder schauen neugierig in die durchsichtigen Plastiktüten. Dann werden die Goldfische vorsichtig unter den Augen der Jungen und Mädchen und mit deren Hilfe in ihr neues Zuhause gesetzt. Das Aquarium steht auf dem Tisch, sodass alle Kinder von allen Seiten in Ruhe die Fische bewundern können. In den nächsten Tagen sind die Fische das Wichtigste für die Kinder, immer wieder gehen sie hin und schauen ihnen zu. Sie malen die Fische,

[13] Reggio Children S.r.l. (Hrsg.)

vorm Aquarium sitzend, ab. Die Erzieherin erkennt, dass die Kinder auf ihre Weise in Kontakt mit den Fischen treten wollen. Deshalb projiziert sie einige Tage später mit einem Projektor eine Unterwasserlandschaft mit darin schwimmenden Fischen an die Wand. Die Kinder laufen darauf zu und spielen mit ihnen. Zur Essenszeit stellt die Erzieherin das Aquarium auf den Teppich und nimmt die kleine Dose Fischfutter. Nun können alle Kinder, die möchten, mit Daumen und Zeigefinger vorsichtig etwas Futter herausnehmen und es ins Aquariumbecken fallen lassen. Sie schauen zu, wie die Fische essen. Durch die so begrenzte Menge können jeden Tag alle Kinder, die dazu Lust haben, ihre Fische füttern. Als es Zeit für die Mittagsruhe ist, zeigen die Kinder auf die Fische und machen mit ihren Händen am Gesicht das Zeichen fürs Schlafengehen (Heia heia machen). Die Erzieherin schlussfolgert daraus, dass sich die Kinder fragen, ob die Fische nicht auch schlafen müssen. Für sie bedeutet es, den Kindern weitere spielerische Zugänge mit Fischen zu ermöglichen. So bastelt sie kleine Stabfische, demonstriert ihre Handhabung und die Kinder können mittels eines einfachen Schattentheaters nun selbst Fische sein. Als sie sieht, dass ein Krippenkind sich den Ärmel hochgeschoben hat, um mit dem Arm ins Aquarium einzutauchen, interpretiert sie es so, dass die Kinder noch mehr bei den Fischen und mit ihnen zusammen sein wollen. Wieder einige Zeit später reist deshalb in einer großen Muschel ein Riesenfisch an, eine Handpuppe. Die Kinder spielen mit den Stabfischen oder schlüpfen mit ihrer Hand in den Riesenfisch. Die Erzieherin ahmt eine Tatsache aus der Tierwelt nach, indem sie im gemeinsamen Spiel so tut, als ob der Riesenfisch einen kleinen Stabfisch essen würde. Die Augen der Kinder werden groß. Dann nimmt sich ein Junge den Riesenfisch, schlüpft mit seiner Hand hinein und geht damit zum Aquarium. Er tut so, als würde die Handpuppe nun ihre richtigen, echten Goldfische fressen wollen. Entsetzen macht sich im Gesicht eines anderen Jungen breit. Er reißt dem Jungen den Riesenfisch von der Hand und rennt damit aus dem Gruppenraum, über den Flur, bis auf die große Dachterrasse. Alle anderen Kinder und die Erzieherin hinterher! Aber zu spät. Der Junge hat den Fisch schon über die Brüstung geworfen. Erschrocken schauen alle Kinder hinunter und sehen die Handpuppe auf dem Hof der Kita liegen. Wieder ein anderer Junge läuft hinunter und rettet den Fisch. Er hält ihn hoch, damit die Kinder auf der Dachterrasse sehen können, dass er ihn hat. Als er oben angekommen ist, umarmen und drücken sich alle vor Erleichterung und Freude, dass sie alle wieder beisammen sind. Das Spiel geht weiter…

Wieder hatte ich so viel gelernt

Es war so einfach und anscheinend doch so schwer. Warum sonst habe ich das Naheliegende nicht erkennen, nicht sehen **können**? Die Kinder von Anfang an mit einzubeziehen, ein Aquarium anzuschaffen, weil ihr Lieblingsbilderbuch das Buch der Fische war, und ihnen dann vertiefende Lernerfahrungen zu ermöglichen … das alles ist absolut logisch als Ausgangspunkt pädagogischen Handelns! Und doch wurde es mir erst durch die Lektüre des Buches klar. Und dann die so simple Lösung, einfach die Futtermenge zu beschränken und nicht die Anzahl der Kinder, die füttern dürfen, füttern können! Was habe ich mir bei unserem Aquarium tagelang den Kopf zermartert, wie wir es anstellen können, ohne dass es Zank und Streit gibt. Ich bin damals nicht darauf gekommen.

Die Rollen der pädagogischen Fachkraft

Wichtige Unterschiede im Überblick

Mein Aquarium	Die Kinder vom Stummfilm
Die Idee kam von mir als Überraschung und zur Entlastung der Garderobensituation.	Die Idee entstand aufgrund des Interesses der Kinder.
Ich war unvorbereitet.	Die Erzieherin war vorbereitet.
Ich kaufte es spontan.	Die Erzieherin hatte im Vorfeld recherchiert, welche Fische sich eignen würden.
Ich kaufte die ersten Fische ohne Beteiligung der Kinder.	Die Erzieherin nahm die Kinder zum Einkauf mit.
Ich fuhr mit 15 Kindergartenkindern einkaufen.	Die Erzieherin nahm zwei Krippenkinder mit.
Ich wollte die neuen Fische schnell kaufen und zügig wieder aus dem Laden raus sein.	Die Erzieherin nimmt sich Zeit für die Kinder und entdeckt mit ihnen das Zoogeschäft.
Ich trug die Fische.	Die Kinder trugen die Fische.
Ich füllte die ersten Fische ohne Beisein der Kinder ins Aquarium.	Die Fische wurden im Beisein der Kinder ins Aquarium gesetzt.
Ich stellte einen Plan dazu auf, welches Kind wann mit dem Füttern an der Reihe ist.	Alle Kinder, die wollten, konnten jeden Tag die Fische füttern.
Ich habe das Aquarium „nebenbei" im Kita-Alltag angeschafft. Es gab keinen Bezug zu den Kindern.	Das Aquarium wurde im Rahmen eines Projektes angeschafft, das sich an den Themen der Kinder orientierte und durch deren Verhalten, Fragen und Interessen mit Leben gefüllt wurde.
Die Kinder konnten die Fische beobachten und ab und zu füttern.	Die Kinder konnten in allen Bildungsbereichen Lernerfahrungen machen und sich spielerisch mit Fischen und deren Lebensraum vertraut machen.
Ich habe etwas für die Kinder getan. Die Kinder waren passiv Beteiligte.	Die Erzieherin hat etwas mit den Kindern getan. Die Hauptakteure waren die Kinder.
Ich habe nichts dokumentiert.	Die Erzieherin hat beobachtet und den Projektverlauf (also das Tun der Kinder) umfassend dokumentiert.

Seitdem kenne ich den Unterschied zwischen „Ich arbeite am Kind" und „Ich arbeite mit dem Kind" sehr genau. Es hilft mir, meine pädagogische Arbeit kritisch zu hinterfragen.

„Am Kind" oder „Mit dem Kind" – Das sollte keine Frage sein

„Ich arbeite am Kind" steht, drastisch formuliert, für: Ich weiß, was richtig für das Kind ist. Ich entscheide. Das Kind ist ein Objekt, an dem ich herumerziehe.

„Ich arbeite mit dem Kind" bedeutet: Ich lasse mich auf das Kind ein. Ich nehme seine Bedürfnisse und Interessen ernst. Ich beteilige es an Entscheidungen, die es selbst betreffen. Ich begleite und unterstütze es in seinem Tun. Das Kind ist Subjekt seiner Entwicklung. „Ich arbeite mit dem Kind" bedeutet nichts anderes, als Partizipation von Kindern zu leben. Der Begriff „Partizipation" kommt aus dem Lateinischen und bedeutet ins Deutsche übersetzt „Beteiligung". Dazu gehören: Teilhabe und Teilnahme, Mitbestimmung, beteiligt sein, beteiligt werden, Mitsprache, Information, Meinungsmitteilung und Gehör. Dies sind laut UN-Kinderrechtskonvention aus dem Jahr 1989 verbriefte Rechte von Kindern weltweit.

Der Satz „Ich arbeite am Kind" begegnet uns leider heute nach wie vor, wenn Erzieherinnen von ihrer Arbeit berichten. Wie können wir unsere Sichtweise verändern, einen anderen Blick auf die Kinder und somit auf unser eigenes Tun erlangen?

Erste Erkenntnisse erlangen wir, wenn wir uns die Beteiligung von Kindern im Kita-Alltag genauer ansehen. Dafür haben wir folgenden Fragebogen für Erzieherinnen erstellt. Bitte nehmen Sie sich die Zeit und beantworten Sie die Fragen so konkret wie möglich, indem Sie die jeweiligen Situationen aus Ihrer Praxis ausführlich beschreiben.

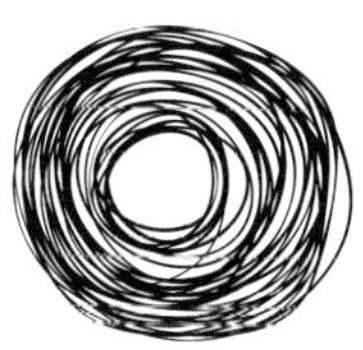

Die Rollen der pädagogischen Fachkraft

- Kopiervorlage -

Fragebogen zur Beteiligung von Kindern

In welchen Situationen beteiligen Sie die Kinder konkret wie?

Wann durften die Kinder etwas bestimmen? Was war das?
Wann durften sie nicht mitbestimmen und warum nicht?

Wann haben Sie das letzte Mal einen Vorschlag von Kindern aufgegriffen und mit ihnen gemeinsam umgesetzt? (konkret mit Beispielen beantworten)

Die Rollen der pädagogischen Fachkraft

- Kopiervorlage -

Haben Sie aufgrund Ihrer Beobachtung von Kindern schon einmal Ihr pädagogisches Handeln darauf abgestimmt? Beschreiben Sie die Situation.

Informieren Sie die Kinder vorher, wenn Sie etwas vorhaben oder verändern wollen? Wenn ja, wie gehen Sie vor? Nennen Sie Beispiele für konkrete Situationen.

Wie kommen Sie zu Ideen für Ihre pädagogische Planung?

Unser Bild vom Kind

Nahezu jede aktuelle pädagogische Kita-Konzeption enthält das Kapitel „Unser Bild vom Kind". Was ist das eigentlich und warum ist es für die Betreuung von Kindern so bedeutsam? Das Bild vom Kind ist ein Konstrukt. Es ist die Summe von Vorstellungen und Erwartungen bezogen auf Kinder und Kind-Sein.

Dieses Bild kann geprägt sein durch:

- die eigene erlebte Kindheit und die dabei erfahrene Erziehung (der Umgang damaliger Erwachsener mit einem selbst als Kind)
- den Zeitgeist, die Gesellschaft und die Kultur, in der ein Mensch lebt
- angeeignetes Fachwissen, z. B. in den Bereichen Pädagogik, Psychologie, Neurobiologie (durch Ausbildung oder Selbststudium)
- die eigene Elternrolle und Erlebnisse mit den eigenen Kindern

Die Vorstellungen und Erwartungen beziehen sich darauf,

- wie Kinder sind bzw. sein sollen,
- was Kinder brauchen,
- was Kinder dürfen,
- was Kinder können,
- wie Kinder sich entwickeln.

Was Kinder brauchen und was ihnen für ihre gesunde Entwicklung zusteht, sind die zwei wesentlichen Grundlagen für Kindeswohl. Unter dem, was sie brauchen, verstehen wir alle seelischen und körperlichen Grundbedürfnisse des Kindes. Damit sind u. a. elementare Dinge, wie Nahrung, Schlaf, Schutz, Trost, Zuwendung und Pflege, gemeint. Das, was wir ihnen zugestehen, sind zusammengefasst „Die Rechte von Kindern". Diese sind seit 1989 im Rahmen der UN-Kinderrechtskonvention verankert und von über 120 Staaten der Erde, darunter auch Deutschland, unterschrieben und somit anerkannt worden. Dazu zählen unter anderem das Recht auf Bildung, das Recht auf Meinungsäußerung und Gehör, das Recht auf Chancengleichheit sowie der Schutz vor Diskriminierung.[14]

Demzufolge finden wir in den Kita-Konzeptionen häufig Aussagen über Grundbedürfnisse und Rechte von Kindern. Die alles entscheidende Frage jedoch lautet: Ist das dort formulierte Bild vom Kind auch das **innere Bild vom Kind** jeder einzelnen Erzieherin?

Das innere Bild ist entscheidend

Unsere Erfahrung zeigt, dass Theorie und Praxis hier manchmal weit auseinanderliegen. Das in der Konzeption beschriebene Bild vom Kind stimmt nicht immer mit dem inneren Bild überein, das Erzieherinnen von Kindern und Kindheit haben. Das individuelle (oder auch das innere) Bild vom Kind, das jeder Mensch in sich trägt, spiegelt sich in seiner Haltung gegenüber dem Kind wider und zeigt sich in konkretem Verhalten. Für Erzieherinnen heißt das:

- Wie redet sie mit dem Kind?
- Was traut sie dem Kind zu?
- Welche Regeln werden aufgestellt?
- Inwiefern wird das Kind beteiligt?
- Wie definiert die Erzieherin ihre eigene Rolle in Bezug auf das Kind?
- Was gesteht sie dem Kind zu?
- Wie geht sie auf das Kind ein? (siehe auch: Die Rollen der pädagogischen Fachkraft)

[14] vgl. Penka, Sabine; Fehrenbacher, Roland (Hrsg.)

Unser Bild vom Kind

All das könnte man auch zusammenfassend als den gezeigten **Erziehungsstil** eines Menschen bezeichnen. Auch wenn wir es nicht formulieren (können), tritt unser inneres Bild vom Kind in der Interaktion mit ihm zutage.

Woran liegt es nun, dass zwischen dem Bild vom Kind, das wir in Konzeptionen schriftlich fixieren (oder vielleicht für uns ganz persönlich definieren), und dem Bild vom Kind, das in unserem Handeln deutlich wird, ein Unterschied besteht? Warum können wir unseren eigenständig festgelegten fachlichen Anspruch nicht immer umsetzen, nicht leben? Nun, die Erziehung, die wir selbst „genossen" haben, hat oftmals stärkere Spuren hinterlassen, als uns bewusst ist. Wir sind geprägt worden. Durch das, **was** uns vermittelt, und dadurch, **wie** mit uns umgegangen wurde:

- Fühlten wir uns geliebt, geschützt und ernst genommen?
- Was durften wir, was nicht?
- Was galt als richtig, was als falsch?
- Was wurde als gut, böse, höflich, unhöflich betrachtet?
- Was wurde als erstrebenswert angesehen?
- Was war tabu?
- Wie wurde auf „Fehlverhalten", Regelbrüche, Ungehorsam reagiert? usw.

All diese Einflüsse und Prägungen tragen wir in uns. Wir haben sie als Erinnerungen und Lernerfahrungen im Gehirn abgespeichert. Das bedeutet auch, dass diese in ähnlichen Situationen aktualisiert werden und als mögliche Lösung dienen. Einige davon kommen in Konfliktsituationen zum Vorschein. Vielleicht kennen Sie das, wenn Sie in einer Situation völlig unkontrolliert anders reagieren, als sie selber möchten – irgendetwas Verstecktes kommt dann plötzlich aus Ihnen heraus.

Das Problem ist: Wenn wir unsere Prägungen nicht reflektieren und aufarbeiten, kann es passieren, dass wir Kinder wider besseres Wissen auf eine Art und Weise behandeln, die ihnen nicht guttut, ihnen nicht gerecht wird.

Am folgenden Beispiel wird das deutlich. Als wir Erzieherinnen baten, uns erlebte Grenzsituationen zu schildern, berichtete eine Krippenerzieherin Folgendes:

David braucht Nähe

„Ich bin total genervt von David. David ist unser neues Krippenkind, er ist sieben Monate alt und jetzt seit mehr als drei Wochen bei uns. Die Eingewöhnung verlief einigermaßen gut, trotzdem weint er nach wie vor laut und herzzerreißend, sobald eine von uns den Raum verlässt bzw. wir ihn auf den Stuhl oder den Teppich setzen. Ich sage ihm auch immer, dass ich gleich wiederkomme, es nützt aber alles nichts. Nehmen wir ihn hoch, ist er sofort still. So kann das doch aber nicht weitergehen! Wir können ihn schließlich nicht die ganze Zeit herumtragen. Er muss das jetzt lernen und aushalten, schließlich haben wir ja auch noch andere Krippenkinder, die uns brauchen! So was hatten wir echt noch nie bei einem Kind!"

Und nun mit der Lupe

Die betroffene Krippenerzieherin besitzt die notwendigen Fachkenntnisse über Bindungsaufbau und Bindungsverhalten. Sie weiß um die Bedeutung einer gelungenen Eingewöhnung. Trotzdem kann sie darauf aufbauend, nicht angemessen auf die kindlichen Bedürfnisse reagieren. Sie fühlt sich überfordert und äußert Erwartungen, wie sich das Kind zu verhalten hat – ohne zu berücksichtigen, dass das Kind sich nach der Bindungstheorie von Bowlby völlig typisch verhält. David fühlt sich noch nicht sicher in der ihm unvertrauten Umgebung, es sei denn, er sitzt auf dem Schoß der Erzieherin oder wird von ihr getragen. Sie stellt seinen Hafen dar, nur im unmittelbaren Körperkontakt fühlt er sich geschützt. Dann beruhigt er sich sofort und kann sogar neugierig und aufmerksam zuschauen, was die anderen Kinder gerade tun. Manchmal lacht er sogar dabei. Sobald die Erzieherin eine körperliche Distanz herstellt, weil sie etwas aus der Küche holen will oder ein anderes Kind sie braucht, weint David sofort los. Er drückt damit seine Gefühle aus. Gleichzeitig sendet er durch das Weinen mit seinen Möglichkeiten ein Signal, dass gerade ein Grundbedürfnis nicht befriedigt wird. Er aktiviert also sein Bindungsverhalten, um zu zeigen: „Schau her, mir geht es nicht gut. Ich brauche dich, damit ich mich wieder wohlfühlen kann." Um Vertrauen aufzubauen und die Erzieherin als verlässliche Bezugsperson zu erleben, ist es wichtig, dass sie diese Signale als solche erkennt und zeitnah angemessen darauf reagiert: indem sie die Nähe wiederherstellt. Die Idee, David zu erziehen und schneller an den Krippenalltag zu gewöhnen, indem die Erzieherin ihm wiederholt die Trennung zumutet, beinhaltet (vermeidbaren) Schmerz für David und ist darüber hinaus kontraproduktiv, führt also nicht zum gewünschten Erfolg.

„Das Gras wächst nicht schneller, wenn man daran zieht."

Afrikanisches Sprichwort

Im Gegenteil: David zeigt schon bei der kleinsten Bewegung der Erzieherin oder bei Änderung ihrer Sitzposition Ängste, dass sie wieder gehen könnte. Auch die Hinweise der Erzieherin, dass sie nur ganz kurz weg sei und gleich wiederkomme, beruhigen ihn nicht. Denn das sind abstrakte Begriffe: kurz und gleich. David kann damit noch keine inneren Bilder und keine verlässlichen Erfahrungen verbinden, die ihm ermöglichen würden, sich darauf zu verlassen und sich beruhigen zu können. Er kann sein Bindungsverhalten kaum noch deaktivieren. Er ist dauerhaft in einer sogenannten Hab-Acht-Haltung, um sofort zu reagieren, falls die Gefahr besteht, die Erzieherin könnte ihn erneut verlassen. Dadurch ist er gestresst, mit all den dazugehörigen körperlichen Reaktionen, und kann nicht in das Explorationsverhalten – die sogenannte Weltentdeckerfreude – wechseln. Je mehr Kontaktunterbrechungen die Erzieherin ihm also zumutet, desto länger wird es dauern, bis David sich sicher fühlt und loslassen kann, um die Welt der Krippe entdecken zu wollen.

Ein Vorschlag und zwei Erkenntnisse

Wir haben mit der Krippenerzieherin darüber gesprochen. Sie fragte, wie lange das jetzt so weitergehen soll. Sie könne David doch nicht immer herumtragen und was denken dann die anderen Kinder; kommen die nicht zu kurz? Wir ließen sie schildern, wie sie selbst und die anderen Kinder die Phasen erleben, wenn sie David die körperliche Trennung zumutet und er weint. „Naja", antwortete sie, „dann bin ich genervt und kann mich gar nicht so richtig auf die anderen Kinder einlassen. Manchmal fängt dann auch ein Mädchen gleich mit an, zu weinen, oder ein anderes Kind hält sich die Ohren zu." Es ist also Stress für alle Beteiligten. Und die anderen Kinder bekommen auch nicht mehr Zuwendung, wenn die Erzieherin David alleinlässt. Wir schlugen ihr vor, sich mit der anderen Kollegin abzustimmen, welche Tätigkeiten wer von beiden übernimmt, um die Kontaktunterbrechungen für David auf ein Minimum zu reduzieren. David sollte so lange die Nähe der Erzieherin bekommen, wie er sie braucht. Damit sie dadurch nicht überlastet wird, weil das Tragen zu Rückenschmerzen führen könnte, boten wir ihr an, ein Tragetuch für Kleinkinder zu nutzen. Sie lehnte es ab, da das Tragen für sie nicht so schlimm sei. Wir waren zuversichtlich, dass David schon bald selbst zeigt, wann er sich aus dem sicheren Hafen lösen kann und loskrabbelt.

Zwei Wochen später sprachen wir erneut mit der Erzieherin. Strahlend berichtete sie, dass es inzwischen viel entspannter mit David ist. Er weint kaum noch und möchte auch nicht mehr die ganze Zeit auf dem Schoß der Erzieherin sein oder herumgetragen werden. Sie verriet, dass sie ja sehr skeptisch gewesen sei, ob das den gewünschten Erfolg haben würde. Sie hatte vermutet (befürchtet), dass David sich dadurch eher daran gewöhnen würde, für immer auf dem Schoß zu sein. Doch als sie sich darauf einließ, stellte sie fest, dass er schon wenige Tage nach ihrer freiwillig bereitgestellten Körpernähe anfing, vom Schoß zu rutschen, um einen Ball zu greifen, der vor ihm lag. Diese Tage hat sie auch als weniger anstrengend erlebt als die Tage zuvor, an denen sie versucht hatte, ihm die Trennung zuzumuten. Auch die anderen Kinder haben weniger geweint und gequengelt.

In unserem Nachgespräch wurden der Erzieherin zwei wesentliche Dinge bewusst:

1. Sie selbst wurde als Kind oft alleingelassen, wenn sie weinte. Ihre Mutter gehörte einer Generation an, die noch der Überzeugung war, man müsse Kinder auch mal schreien lassen, dann lernen sie schon, dass die Erwachsenen nicht immer gleich herbeieilen können. Die Erzieherin wusste das aus Erzählungen ihrer Mutter und sie wurde bei deren Schilderungen immer sehr traurig. Aber als David dann in der Krippe weinte und sie genervt war, da hat sie insgeheim auch gedacht: Da muss er jetzt durch, das musste ich schließlich auch. Dieses Gedankens war sie sich nicht sofort bewusst. Durch unser Nachfragen hat sie die Verbindung

nach einiger Zeit erkannt – und war sichtlich über sich selbst erschrocken. Dieser Schreck gehört mitunter zur Selbsterkenntnis; er hilft uns weiter, auch wenn es sich erst einmal nicht gut anfühlt. Wir können ja nur das an uns verändern, was wir ans Licht holen, auch wenn es schmerzt. Jetzt, da ihr der Zusammenhang zwischen ihren Kindheitserfahrungen und ihrem Verhalten gegenüber David bewusst geworden ist, kann sie sich in Zukunft anders verhalten. Sie hat die Wahl, das bisherige Handlungsmuster weiterhin anzuwenden oder innezuhalten und anders auf das Kind und seine Bedürfnisse einzugehen. Sie kann sich korrigieren. Auch das braucht Wiederholungen. Wir motivierten sie, zukünftig bei ähnlichen Situationen zu hinterfragen, ob ihre eigene Erziehung eine Rolle spielt, wenn sie merkt, dass ihr Verhalten Kindern nicht guttut. Die Erzieherin war erleichtert, weil sie merkte, dass etwas Wichtiges passiert war und sie daran wachsen kann.

2. Bevor David kam, hatten die Erzieherinnen dieser Krippe noch nie ein Kind im Alter von sieben Monaten betreut. Sie hatten keinen Vergleich bzw. keine Erfahrung damit, was ein Kind in diesem Alter benötigt. Schaut man sich die Bindungstheorie an, wird deutlich, dass der Besuch der Krippe genau in die sensible Phase fiel, in der ein Kind beginnt, zu differenzieren, welche Person sein Grundbedürfnis befriedigt. Es unterscheidet nun zwischen Bezugspersonen und anderen Personen. David musste also erst lernen, der Erzieherin zu vertrauen. Dazu war es notwendig, dass er sie als verlässlich und zugewandt erlebt.

Fazit: Unsere Erwartungen (auch die unterbewussten), wie ein Kind zu sein hat, stehen manchmal im Widerspruch zu dem, was das Kind braucht. Es ist wichtig, dass wir dann unsere Erwartungshaltungen korrigieren bzw. aufgeben und die erkannten Grundbedürfnisse des Kindes berücksichtigen.

Gut zu wissen: Unsere Haltung und somit unser inneres Bild vom Kind ist veränderbar durch:

- neue Erfahrungen
- neue Erkenntnisse
- Reflexion von erlebten Situationen
- Fachaustausch mit anderen
- die Aufarbeitung der eigenen Lebensgeschichte (Warum bin ich so geworden, wie ich jetzt bin? – Biografiearbeit)

Ein Glück, dass das so ist. Stellen Sie sich doch einmal vor, es gäbe immer noch die Vorstellung von Erziehung wie zu Zeiten des Struwwelpeters.

Verlernen ist oftmals schwerer als neu lernen. Doch sofern wir selbst dazu bereit sind und die Motivation haben, uns wirklich weiterzuentwickeln, wird es uns gelingen.

Wie das Lernen am besten funktioniert, haben wir bereits in den vorangegangenen Kapiteln in Bezug auf Kinder erläutert. Auch für uns Erwachsene sind positive Wiederholungserfahrungen als Verstärker notwendig – gerade dann, wenn wir etwas Altes, Überholtes verlernen wollen. Die dabei ausgelösten Gefühle bestimmen in einem hohen Maße unsere Lernbereitschaft (siehe auch Kapitel 2, Die Bedeutung von Gefühlen).

Die Tagesstruktur und ihre Tücken

Um es gleich vorwegzunehmen: Wir, die Autorinnen, sind keinesfalls gegen eine verlässliche Tagesstruktur in der Kita. Kinder möchten wissen, was als Nächstes passiert; sie möchten sich auf bestimmte Abläufe, Rituale und wiederkehrende Vorgänge verlassen können. Das gibt ihnen Sicherheit, Orientierung und Halt. Wichtige Grundbedürfnisse des Kindes werden so befriedigt und es kann sich aufgrund der ihm bekannten äußeren Rahmenbedingungen auf den Tag einlassen und die Welt entdecken.

Problematisch wird es jedoch immer dann, wenn die Tagesstruktur

- sich nicht an weiteren Grundbedürfnissen des Kindes orientiert,
- aktuelle Veränderungen in der Lebenswelt der Familien unberücksichtigt lässt,
- Kinder im Lernen unterbricht, sie ausbremst und damit wichtige Lernerfahrungen verhindert,
- aktuelle (Lern-)Interessen der Kinder nicht aufgreift.

Eine Tagesstruktur kann verlässlich sein und trotzdem Spielraum für Anpassungen und Veränderungen enthalten. Klare Gründe für solche Änderungen im Tagesablauf einer Kita sind kindliche Signale, die Sie als Erzieherin wahrnehmen (Was braucht das Kind gerade?).

An dieser Stelle sei ein Beispiel aus der Erwachsenenwelt genannt, das notwendige Änderungen im geplanten Ablauf eines Tages sehr deutlich macht: Wenn wir Seminare für Erzieherinnen geben, haben wir in der Regel einen Tagesplan. Wir haben also konkrete Inhalte konzipiert, die wir den Teilnehmerinnen nahebringen möchten. Das schließt eine Zeitplanung mit ein. Stellen wir uns vor, dass es 13:30 Uhr ist und die nächste Pause um 14:30 Uhr angesetzt ist. Die Mehrheit der Teilnehmerinnen ist müde, geschafft, kann sich schlecht konzentrieren (wahrgenommene Signale: Gähnen, Blickkontakt zu uns nimmt ab, zusammengesackte Körperhaltung, errötete Gesichtsfarbe, Stöhnen usw.). Was passiert nun, wenn wir diese Signale übergehen und unseren Tagesplan strikt durchziehen? Richtig, kaum eine Teilnehmerin wird uns mehr aufmerksam zuhören, geschweige denn, etwas lernen. Das menschliche Grundbedürfnis nach Ruhe, Erholung – also einer Pause, die vom Plan abweicht – ist viel stärker als der Wunsch, jetzt etwas zu lernen. Also: Pause machen, Plan ändern!

Der feine Unterschied liegt (wie fast immer) darin, **wie** Sie Ihren Plan für den Tag umsetzen. In der folgenden Übersicht stellen wir einige typische wiederkehrende Tagespunkte aus dem Alltag einer Kita hinsichtlich ihrer unterschiedlichen Handhabung gegenüber:

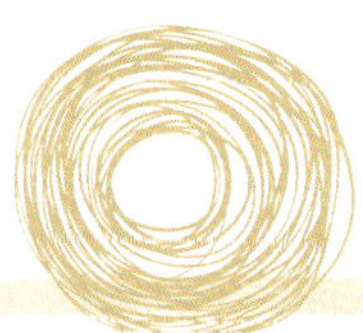

Die Tagesstruktur und ihre Tücken

	Variante 1	Variante 2
Das Frühstück	Es wird um 08:00 Uhr in der Gruppe eingenommen. Wer schon Hunger hat, weil er seit 06:00 Uhr in der Kita ist, muss bis zur Frühstückszeit warten. Wer zu spät kommt, wird als störend empfunden und/oder kann nicht mehr mitessen. Den Zeitpunkt des Essens bestimmt die Erzieherin (bzw. das Kita-Team), er ist laut Tagesplan festgelegt und nicht veränderbar. Die Kinder essen dann, wenn sie Hunger haben sollen.	Es wird als offenes Frühstück, z. B. von 07:00 Uhr bis 09:00 Uhr, angeboten. Die Kinder können entweder gleich, wenn sie kommen, frühstücken oder erst einmal spielen oder noch auf den besten Freund warten, um gemeinsam mit ihm zu frühstücken. Den Zeitpunkt bestimmen die Kinder innerhalb des möglichen Zeitrahmens selbst. Sie essen dann, wenn sie Hunger haben.
Das morgendliche Ritual	Täglich um 09:00 Uhr findet ein Morgenkreis statt. Damit er pünktlich beginnt, wird das Spiel der Kinder unterbrochen; einige kommen dadurch gar nicht erst zum Spielen. Immer wieder erscheinen Kinder zu spät, weil sie noch aufräumen müssen, anderweitig beschäftigt sind oder gerade erst von zu Hause ankommen. Ihr Zuspätkommen stört den Morgenkreis. Das morgendliche Ritual ist aus dem Sinnzusammenhang gerissen.	Die Kinder werden beim Ankommen persönlich individuell begrüßt und informiert. Wenn sich aufgrund der Themen der Kinder eine Gesprächsrunde anbietet, wird diese in den Tagesablauf integriert und kann auch mal vor dem Mittagessen stattfinden, weil dann alle Kinder da sind. Das morgendliche Ritual ist die wertschätzende Begrüßung. Die Gesprächsrunde findet in einem Sinnzusammenhang statt.
Lernangebote	Das pädagogische Angebot findet immer um 10:00 Uhr für alle Kinder der Gruppe statt. Die Erzieherin hat das Angebot geplant und vorbereitet und zeigt/erläutert es den Kindern. Jedes Kind nimmt am Angebot teil, unabhängig von seiner aktuellen Spielsituation. Die Kinder haben keine Wahlmöglichkeit.	Die Erzieherin setzt während des Freispiels der Kinder pädagogische Impulse, z. B. indem sie Material auf den Tisch stellt oder selbst mit einer Tätigkeit beginnt. Interessierte Kinder können sich beteiligen, die anderen können weiterhin ihren Themen nachgehen. Sie haben die Wahl.
Zwischenmahlzeiten	Zu einer festgelegten Zeit, meist um 10:00 Uhr, findet täglich die „Obstpause" statt. Die Kinder setzen sich an den Tisch, nehmen sich vom vorbereiteten Obst- und Gemüseteller und trinken dazu Tee	Vitamine werden zu den Hauptmahlzeiten gereicht. Ungesüßte Getränke stehen ganztägig zur freien Verfügung. Auf dem Tisch steht eine Schale mit Obst und Gemüse, die Kinder

	oder Wasser. Anschließend geht es ins Bad, Hände waschen. Die Zeit, wann Kinder Vitamine und Tee zu sich nehmen, ist festgelegt.	bedienen sich zwischendurch und zerteilen es allein oder mit Unterstützung. Die Kinder sorgen selbst für sich und bestimmen den Zeitpunkt.
Vorbereitung für das Spiel im Freien	Alle Kinder gehen zur gleichen Zeit ins Bad auf die Toilette und ziehen sich danach in der Garderobe um. Die Erzieherin bestimmt den Zeitpunkt des Toilettengangs für alle. Die Kinder haben wenig Platz zum Anziehen, weil in der Garderobe Gedränge herrscht. Kinder, die bereits fertig angezogen sind, müssen warten, bis alle gemeinsam rausgehen. Wer grundsätzlich lieber drinnen geblieben wäre, muss sich unterordnen.	Wer mit seinem Spiel fertig ist und nach draußen möchte, kann vorher noch einmal auf die Toilette gehen und zieht sich dann, mit genügend Platz und dem eigenen Tempo entsprechend, in der Garderobe an. Kinder, die fertig sind, gehen ins Freie, dort ist bereits eine Erzieherin. Die Kinder übernehmen die Verantwortung für ihre Bedürfnisse und entscheiden sich je nach tagesaktuellem Interesse.
Aufenthalt im Freien	Jeden Vormittag gehen alle Kinder an die frische Luft, wenn auch nur kurz. Das bedeutet, dass für Frühstück, Freispiel im Raum und pädagogisches Angebot nur wenig Zeit zur Verfügung steht. Die Kinder können nicht entscheiden, ob sie drinnen bleiben wollen.	Wenn es das Spiel- und Lernverhalten der Kinder zulässt, gehen die Kinder an die frische Luft. Das kann vor- oder nachmittags sein oder – weil sie an dem Tag so in ihr Spiel vertieft sind – einen Tag auch mal gar nicht. Die Kinder können selbst entscheiden.
Mittagessen	Die Krippenkinder essen grundsätzlich um 11:00 Uhr, auch wenn manche erst um 09:00 Uhr gekommen sind und noch keinen Hunger haben. Die Uhrzeit wurde von den Erzieherinnen festgelegt.	Die Kinder gehen gestaffelt essen, je nachdem, wie und wann sie hungrig bzw. müde sind. Die Zeit wählen die Kinder (innerhalb eines Zeitfensters) selbst.
Mittagsruhe	Mittagsruhe bedeutet Mittagsschlaf für alle. Die Kinder ziehen sich einen Schlafanzug an. Ihre Betten bzw. Liegen sind mit Bettwäsche bezogen. Die Erzieherinnen halten Schlafwache. Das Ruhebedürfnis von Kindern wird mit Schlafen gleichgesetzt.	Es gibt unterschiedliche Möglichkeiten in verschiedenen Räumen. Manche Kinder schlafen, andere ruhen eine Zeit, wieder andere nutzen aktive Entspannungen. Die Kinder wählen leicht bekleidet (T-Shirt und Strumpfhose oder im Sommer Unterwäsche) ihren Schlafplatz. Sie nehmen sich bei Bedarf eine Kuscheldecke. Die Mittagsruhe wird je nach Bedürfnis gestaltet.

Die Tagesstruktur und ihre Tücken

Aufräumen	Vor jeder neuen Aktivität, jedem neuen Tagespunkt räumen die Kinder auf, sofern sie gespielt haben – z. B. vor dem Morgenkreis, vor dem pädagogischen Angebot, bevor sie ins Freie gehen. Aufräumen erleben die Kinder als Unterbrechung.	Die Kinder räumen dann auf, wenn es notwendig ist, um den Bereich für etwas anderes nutzen zu können. Sie können Gebautes stehen lassen oder nach dem Aufenthalt im Freien an ihrem Puzzle weiterspielen. Aufräumen erleben die Kinder als Notwendigkeit.

Was wird deutlich?

Beide Varianten zeigen täglich wiederkehrende typische Abläufe in der Kita. In Variante 1 wird der Tagesablauf inhaltlich und zeitlich vom Erzieherteam festgelegt; er ist für alle Kinder gleichermaßen gültig. In Variante 2 ist der Tagesablauf auf die **individuellen Bedürfnisse des einzelnen Kindes** abgestimmt. Diese Bedürfnisse können sich bei einem Kind von Tag zu Tag unterscheiden und sie unterscheiden sich natürlich auch von Kind zu Kind. So gibt es Kinder, die haben morgens bereits zu Hause gegessen, andere sind seit 05:00 Uhr wach und haben schon Hunger, wenn sie in der Kita ankommen. Einige Kinder brauchen viel Bewegung, andere puzzeln und bauen leidenschaftlich gern. Einige schlafen mittags, andere ruhen sich aus und schauen Bücher an und wieder andere kommen nur schwer zur Ruhe bzw. haben einen anderen Rhythmus und würden erst um 13:00 Uhr einschlafen, wenn man sie denn ließe.

Die Tagesstruktur und ihre Tücken

Selbstverständlich bietet sich ein Morgenkreis **dann** an, wenn alle Kinder anwesend sind und die Erzieherin die Kinder auf etwas Bestimmtes, Besonderes für diesen Tag einstimmen möchte. Der Zeitpunkt sollte jedoch so gewählt sein, dass die Kinder sich darauf einstellen können. Auch die Dauer sollte angemessen sein und die Kinder nicht länger als nötig von ihrer Spielzeit abhalten. Jeden Tag einen Morgenkreis durchzuführen, erinnert in der Umsetzung oft an eine klar geplante didaktisch-methodische Lerneinheit mit dem Ziel, Konzentration und Stillsitzen zu üben: Die Kinder sitzen im Kreis. Es gibt Regeln, wer wann sprechen darf. Die Erzieherin führt in den Tag ein. Der Kalender und das heutige Wetter werden besprochen. Oft wird noch ein Lied gesungen. Dann dürfen alle Kinder, die etwas sagen wollen, nacheinander reden, die anderen hören zu. Das dauert durchaus mal länger als 30 Minuten und im Anschluss nehmen die Kinder für das pädagogische Angebot an den Tischen Platz.
Da lauert die nächste mögliche Falle – wir haben es schon mehrfach erwähnt –, denn gerade das sogenannte pädagogische Angebot bietet jede Menge Stolpersteine. Hierzu folgt im Anschluss vertiefend eine weitere Fallgeschichte. Doch vorher noch eins: Schon in der Gegenüberstellung der beiden Varianten erahnen Sie vielleicht, dass auch die pädagogischen Fachkräfte in Variante 2 weniger Stress ausgesetzt sind, weil Kinder, deren Bedürfnisse berücksichtigt/befriedigt werden, wesentlich ausgeglichener sind und freudvoller durch den Tag gehen. Eine wesentliche Voraussetzung für das Gelingen von Variante 2 sind gruppenübergreifende Teamabsprachen.

Die Weihnachtskugel

Es ist eine Woche vor Weihnachten und an diesem Tag hospitiert die Fachberaterin der Kita in der Gruppe der 3- bis 6-Jährigen. Die Erzieherin hat sich besonders darauf vorbereitet. Um 09:00 Uhr lässt sie alle Kinder aufräumen und sich anschließend an die Tische setzen. Dann geht sie kurz in den Nebenraum. Als sie wiederkommt, hält sie etwas in den Händen und fragt die Kinder, was sie denn da habe. Die Kinder rufen: „Eine Wachstuchdecke!". Die Erzieherin antwortet: „Ja, richtig. Und was machen wir immer, wenn ich eine Wachstuchdecke hole?" Emil (fast vier Jahre alt), seinen Kopf auf seinen Arm stützend, murmelt gelangweilt: „Wir malen." Darauf die Erzieherin: „Ja, genau, wir malen heute eine Weihnachtskugel, weil ja nächste Woche schon Weihnachten ist." Emil protestiert: „Ich will aber nicht malen!" Die Erzieherin entgegnet: „Doch, Emil. Wir wollen heute **alle** malen!" Emil widerspricht nicht mehr. Die Erzieherin legt – die Kinder unermüdlich ermahnend, ruhig zu sitzen – auf allen Tischen Wachstuchdecken aus. Nun stehen auf jedem Tisch verschiedene Farben, Pinsel und Malpaletten bereit. Die Erzieherin verteilt von ihr im Voraus ausgeschnittene, große Weihnachtskugeln aus rosafarbenem und hellblauem Tonpapier. Auf der Rückseite hat sie vorsorglich schon mal die Namen der Kinder notiert. Nach einigem Zögern schnappt Emil sich die schwarze Farbe und füllt sich reichlich davon in ein Schälchen. Dann nimmt er einen Pinsel und beginnt, energisch und hochkonzentriert zu malen. Die Fachberaterin schaut interessiert zu. Nach einigen Minuten macht Emil eine Pause, schaut von seinem Blatt hoch und bemerkt, dass er beobachtet wird. Er legt seinen Kopf zur Seite, guckt die Fachberaterin an, dann auf sein Blatt, dann wieder zu ihr. Schließlich fragt er: „Kennst du Batman?" Die Fachberaterin bejaht dies. Darauf zeigt Emil auf sein Blatt und meint: „Ist eine Batman-Weihnachtskugel!" Die Fachberaterin schmunzelt und bewundert sein Kunstwerk, während Emil weitermalt. Als die Erzieherin an Emils Tisch kommt und sein Bild sieht, ruft sie entsetzt: „Um Himmels willen, Emil, so sieht doch keine Weihnachtskugel aus! Das hast du aber gar nicht schön gemalt. Ich habe euch doch extra vorher gezeigt, wie wir eine Weihnachtskugel bemalen, mit Zick-Zack- und Wellenlinien und Pünktchen und nicht mit schwarzer Farbe!" Sie nimmt ihm das Blatt weg, gibt ihm eine neue Vorlage und sagt: „Das machst du gleich noch mal, und diesmal richtig!" Emil schaut eine Weile auf sein Blatt. Dann greift er sich entschlossen die gelbe Farbe und malt. Anschließend nimmt er die rote Farbe und setzt damit zwei diagonale Striche quer über sein Bild, sodass sie ein Kreuz ergeben. Die Fachberaterin sieht die ganze Zeit schweigend zu und fragte nun neugierig: „Was hast du denn jetzt gemalt, was ist das?" Emil antwortete mit ernster Stimme: „Ein Teddybär im Gefängnis!"

An dieser Stelle endet die Erzählung der Fachberaterin; zum Zeitpunkt unserer Unterhaltung stand das Auswertungsgespräch mit der Erzieherin noch bevor. Deshalb wissen wir leider nicht, ob die Erzieherin die zweite Weihnachtskugel von Emil im Flur ausgehängt hat. Immerhin stimmten jetzt die Farben …

Kugeln: © rubysoho | Fotolia.com

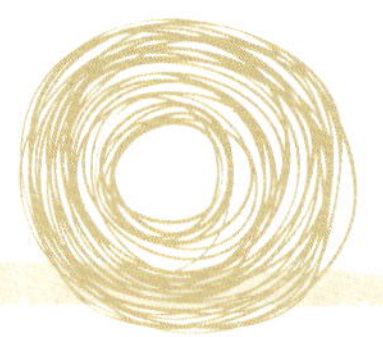

Die Tagesstruktur und ihre Tücken

Und nun mit der Lupe

Die Erzieherin entscheidet sich für ein pädagogisches Angebot – das, wie wir wissen, dem Wesen nach bestimmte Vorstellungen von „Lernen" beinhaltet. Sie möchte sowohl die Jahreszeit und das dazugehörige Fest aufgreifen als auch bestimmte Bildungsbereiche berücksichtigen. Außerdem geht es ihr um die Förderung feinmotorischer Kompetenzen im Rahmen der vorschulischen Erziehung. Auf dieser Grundlage und mit diesen Zielen hat sie geplant, die Kinder an jenem Tag Papier-Weihnachtskugeln bemalen zu lassen. Das ist grundsätzlich keine schlechte Idee, wenn – ja, wenn – sie einiges anders gehandhabt hätte, z. B. so:

- Sie macht den Kindern tatsächlich das **Angebot**, eine Weihnachtskugel zu gestalten.
- Sie lässt zu, dass einige Kinder (vielleicht nur vorerst) nicht mitmachen wollen.
- Die Kinder können sich die gewünschte Papierfarbe selbst auswählen.
- Die Mädchen und Jungen malen die Weihnachtskugel selbst vor und schneiden sie anschließend aus (Nutzung einer Schablone wäre durchaus möglich).

- Die Kinder schreiben ihren Namen selbst auf die Rückseite (ihren Möglichkeiten entsprechend).
- Die Kinder können ihre Weihnachtskugel thematisch und farblich so gestalten, wie sie es möchten.
- Die Arbeit der Kinder wird nicht bewertet.

Auf diese Weise wären ihr viele Dinge möglich gewesen. Sie hätte:

- sich in Ruhe mit an den Tisch zu den Kindern setzen können, anstatt zwischen mehreren Tischen hin und her zu laufen.
- die Kinder beobachten und ihr Tun durch Notizen und Fotos dokumentieren können. Wie malen sie (Pinselführung)? Was malen sie (die Kinder erzählen lassen)?
- Interessen und Vorlieben der Kinder erkennen können.
- sich jedem einzelnen Kind zuwenden können.
- eine ruhige Arbeitsatmosphäre erlebt, weil jedes Kind genau das tut, was für es selbst gerade bedeutsam ist.

Leider ist es so nicht gelaufen. Emil hatte sich getraut, klar zu signalisieren, dass er gerade keine Lust auf Malen hat. Die Erzieherin geht auf diese Gefühlsäußerung jedoch nicht ein; sie antwortet ihm lediglich, dass heute **alle** Kinder malen. Emil hat sich gefügt. Er hat dann Batman auf seine Weihnachtskugel gemalt und sie dadurch einzigartig und von allen anderen unterscheidbar gestaltet. Die Erzieherin hat ihn dafür bewertet und kritisiert, ohne sich für sein Motiv zu interessieren. Als Strafe musste er ein neues Bild malen. In diesem neuen Bild drückt er aus, wie er sich fühlt, indem er einen Teddybären im Käfig malt. Die Erzieherin hat es gar nicht mitbekommen.

Die Tagesstruktur und ihre Tücken

Wie erlebt das Kind das Verhalten der Erzieherin? Welche Auswirkungen könnte das auf sein Selbstbild haben?

- Ich muss machen, was gesagt wird.
- Ich darf nicht widersprechen.
- Meine Meinung ist nicht wichtig.
- Ich darf nicht wählen.
- Was ich male, ist nicht richtig.
- Die Erzieherin interessiert sich nicht für mich.
- Ich bin nicht richtig.

Dieses Beispiel zeigt, dass gut gemeint nicht immer gut gemacht ist und leider sogar kindliche Bedürfnisse, Interessen und Meinungsäußerungen übergangen und demzufolge nicht berücksichtigt werden. Wir empfehlen Ihnen deshalb dringend, Ihren Tagesablauf und die damit zusammenhängenden Strukturen kritisch zu überprüfen, gemäß dem Leitmotiv:

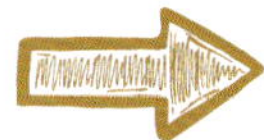

Die Tagesstruktur muss sich den Bedürfnissen der Kinder anpassen, nicht die Kinder sich der bestehenden Tagesstruktur!

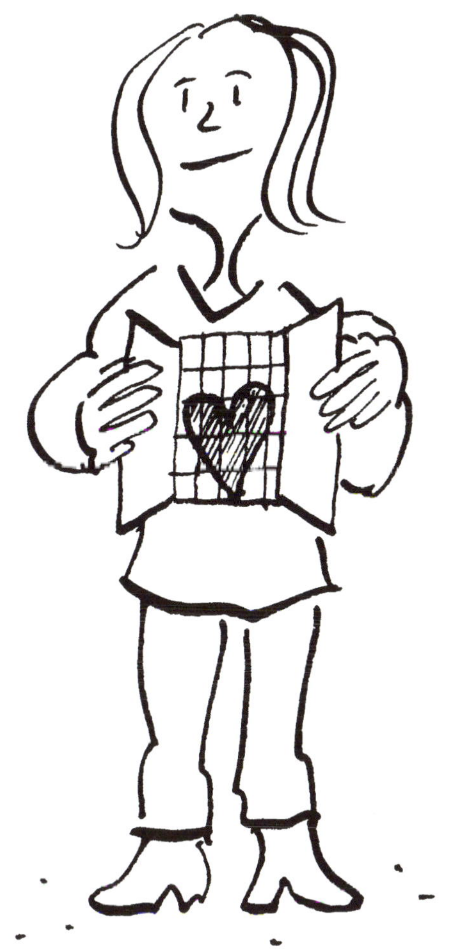

Trauen Sie sich! In der Praxis haben wir oft gehört: „Das geht nicht, weil …!" Z. B. könne das Mittagessen zeitlich nicht nach hinten verlagert werden, weil die Arbeitszeit der Küchenfee festgelegt ist. Warum? Arbeitszeiten kann man ändern! Warum sollten Kinder um 11:00 Uhr essen, wenn sie noch gar keinen Hunger verspüren?

Mit dem nachstehenden Reflexionsbogen möchten wir Sie dabei unterstützen, Ihren typischen Kita-Tagesablauf einmal genauer zu überprüfen. Er gibt Aufschluss darüber, wie sinnvoll bestimmte Abläufe für die Kinder und für Sie als Erzieherin sind.

Die Tagesstruktur und ihre Tücken

– Kopiervorlage –

Wie sieht ein typischer Tagesablauf aus? Welche Aktivitäten, Rituale, Abläufe gibt es zu welcher Zeit?	Welche konkrete(n) Funktion(en) hat der Tagespunkt?	Erleben Sie diesen Tagespunkt als stressbesetzt? Falls ja, warum?	Gegen welche Abläufe wehren sich Kinder? Haben Sie Ideen für mögliche Gründe?	Möchten Sie diesen Tagespunkt verändern, also anders gestalten? Falls ja, warum und wie?

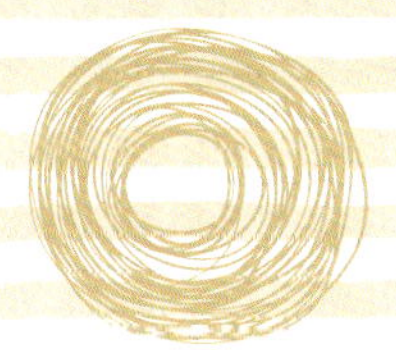

Die Sache mit den Regeln

Als wir in unseren Interviews Erzieherinnen fragten, in welchen Situationen mit Kindern sie an ihre Grenzen kommen, war die häufigste Antwort: „Wenn die Kinder sich nicht an geltende Regeln halten bzw. diese Regeln missachten". Es scheint also ein Thema zu sein, das Erzieherinnen viel beschäftigt und im Kita-Alltag eine große Rolle spielt. Schauen wir uns das mal genauer an.

Wozu gibt es eigentlich Regeln?

Um uns dem Thema zu nähern, möchten wir als Erstes klären: Was genau sind Regeln? Und wofür sind sie notwendig?

Ganz allgemein verstehen wir unter einer Regel eine Richtlinie, Norm oder Vorschrift, auf die sich Menschen gemeinsam geeinigt haben. Sie beruht auf Erfahrungen oder Erkenntnissen und wird meist schriftlich fixiert.

So weit, so gut. Versuchen wir, das für den Lebensalltag zu übersetzen: Regeln werden von Menschen aufgestellt. Sie sorgen dafür, dass die Menschheit nicht im Chaos versinkt – man stelle sich nur mal vor, was passieren würde, wenn alle ungehindert tun (dürften), was sie wollen.

Für Regeln gibt es also gute Gründe:

- Sie ermöglichen das friedliche Zusammenleben in der Gesellschaft.
- Sie gelten für alle, sorgen also in dieser Hinsicht für Gleichberechtigung.
- Regeln sparen Zeit, Nerven und Kraft. (Ich weiß, wie ich mich in einer bestimmten Situation verhalten muss, um an mein Ziel zu kommen. Ich kann mich orientieren.)
- Sie schützen Menschen vor Gefahren oder Verletzungen.

Regeln werden also dann aufgestellt, wenn ohne sie droht, dass Menschen zu Schaden kommen – körperlich, psychisch, seelisch, finanziell. Anlass für Regeln sind Erfahrungen, die gezeigt haben, dass das Leben in einer bestimmten Situation oder einem bestimmten Bereich für die betreffende Menschengruppe nicht geordnet/reibungslos verläuft. Eine Regel gewährleistet bei Einhaltung ein friedvolles Miteinander. Ein Beispiel aus dem Straßenverkehr: Zeigt die Ampel für entsprechende Verkehrsteilnehmer Rot, müssen diese (Fußgänger, Radfahrer, Autofahrer) anhalten. Tun sie es nicht, besteht die Gefahr eines Unfalls; sie selbst oder andere könnten zu Schaden kommen. Diese Regel ist also hilfreich und sinnvoll für alle Menschen, die von der jeweiligen Situation betroffen sind.

Die Sache mit den Regeln

Werte und Normen

Im Zusammenhang mit Regeln spielen Werte und Normen eine entscheidende Rolle. Schauen wir uns die Zusammenhänge an:

Werte sind eine Einigung zwischen Personen, was für sie förderlich oder eben nicht dienlich ist. Dies geschieht durch Überlegen, Prüfen und Berechnen von Situationen, Möglichkeiten, Absprachen, Vorstellungen und gesammelten Erfahrungen. Das führt zu Grundsätzen für das soziale Miteinander. Daraus entwickeln sich Leitlinien, die sowohl das Tun und als auch das Einschätzen des sozialen Miteinanders bestimmen.

Laut Hans Joas sind es nicht die Werte selbst, die uns ein bestimmtes Verhalten vorschreiben – aus den Werten heraus entwickeln wir jedoch Normen, die genau das tun. Während Werte attraktiv sind, haben Normen (Verhaltensvorschriften) einen restriktiven Charakter.[15]

Beispiele für Werte, die (auch) im Kita-Alltag bedeutsam sind: Freundschaft, Zuverlässigkeit, Verantwortung, Ehrlichkeit, Vertrauen, Toleranz, Rücksichtnahme, Gerechtigkeit, Liebe.

Aus **Werten** (z. B. dem Wert der Achtung des Eigentums von Menschen) lassen sich soziale **Normen** ableiten, also Vorschriften für das soziale Handeln (z. B.: Ich bestehle andere Menschen nicht; Stehlen ist unsozial). Normen wiederum beeinflussen die **Regeln**, die wir aufstellen und für sinnvoll erachten, unmittelbar (in der Kita z. B.: Wenn ich mir von anderen Kindern etwas ausleihen möchte, frage ich sie immer vorher, ob sie damit einverstanden sind).

Wenn Sie für Kinder gültige Regeln aufstellen bzw. bestehende überprüfen möchten, schauen Sie sich an, welcher Wert einer Regel zugrunde liegt. Werte, die Sie als Team vertreten und Kindern nahebringen möchten, sollten die Basis Ihrer weiteren Entscheidungen sein. Es lohnt sich, Werte ganz grundsätzlich im Team zu diskutieren, sie zu hinterfragen und sich auf elementare Werte zu einigen. Halten Sie diese Werte schriftlich fest und überprüfen Sie immer auch, ob sie den Bedürfnissen und Interessen von Kindern gerecht werden.

---

[15] vgl. Joas, Hans; Wiegandt, Klaus (Hrsg.); S. 14

Die Sache mit den Regeln

Wie kommen wir nun zu Regeln mit Kindern?

Natürlich bedeuten die vorangestellten Erkenntnisse, dass es auch – und gerade – für Kinder sinnvolle Regeln geben muss, damit sie sich im Leben orientieren können und nicht zu Schaden kommen. Wichtige Erfahrungen, die Erwachsene ihnen voraushaben, müssen sie noch sammeln.

Es ist nachvollziehbar, dass es in einer Familie andere Regeln als im Kindergarten geben kann und muss, da die Rahmenbedingungen für das Zusammensein sich in beiden Systemen voneinander unterscheiden, einschließlich der Wertvorstellungen. Nun gibt es ganz allgemein zwei Wege, wie Regeln für Kinder entstehen:

1. Wir als Erwachsene stellen eine Regel zum Schutz des Kindes auf, weil es die Gefahr der Situation oder die Folgen seines Verhaltens nicht abschätzen kann. (Beispiel: Kinder dürfen im Winter erst dann auf zugefrorene Seen und Teiche gehen, wenn Erwachsene es erlauben, weil die Feuerwehr diese Flächen dafür freigegeben hat.)
2. Die Regeln werden gemeinsam mit den Kindern aufgestellt. (Beispiel: Es gibt ein neues Laufrad in der Kita. Jedes Kind möchte einmal drankommen. Gemeinsam wird überlegt, wie es ohne Zank und Streit funktionieren könnte.)

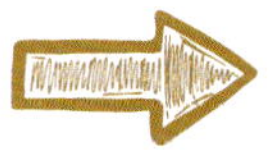

*Es ist wichtig, sich anzuschauen, wer die Regel für Kinder **warum** aufgestellt hat:*

Es liegt auf der Hand, dass Kinder jene Regeln, die sie selbst mitgestaltet haben, besser einhalten können als die, die ihnen ungefragt vorgegeben wurden. Zum einen haben sie bei ersterer Variante die Notwendigkeit der Regel begriffen, zum anderen fühlen sie sich ernst genommen und verstanden. Sie wurden beteiligt. Natürlich sind bestimmte Regeln, an denen Kinder nicht beteiligt wurden, für sie wichtig und unerlässlich. Aber sie bedeuten für Kinder manchmal einfach nur, dass die Erwachsenen besser wissen, was gut für Kinder ist. Häufig stimmt das sogar, gerade wenn es um Gefahren geht, aber eben nicht immer.

Schwierig wird es für Kinder dann, wenn sie den Sinn einer Regel nicht nachvollziehen können, z. B.:

- Alle Kinder, die fertig sind, stellen sich an der Tür an und warten! (Ich werde also fürs Schnellsein bestraft. Außerdem ist der Stress an der Tür durch Schubsen und Drängeln vorprogrammiert. Warum tun Sie sich und den Kindern das an?)
- Das Klettergerüst ist erst für Kinder ab drei Jahren freigegeben! (Wie soll ich denn zeigen, dass ich längst schon motorisch fit genug für solch eine Herausforderung bin? Außerdem muss ja anscheinend die Nacht zum dritten Geburtstag eine ganz besondere Nacht sein – was man da alles von einem Tag auf den anderen kann! Unglaublich …)
- Alle Kinder gehen noch einmal auf Toilette, ohne Widerrede! (Wie soll ich die Verantwortung für meinen Körper, konkret für meinen Schließmuskel, entdecken und übernehmen, wenn die Erzieherin anscheinend besser als ich selbst weiß, ob ich muss oder nicht? Mute mir doch die Erfahrung zu, so kann ich die Zeichen besser spüren, wann es Zeit ist, austreten zu gehen, ohne dass es in der Hose landet.)
- Mit Essen wird nicht gespielt! (Warum? Warum darf ich in meinen Kartoffelbrei keine Schneise mit der Gabel ziehen und die Soße da runterlaufen lassen? Ich esse das dann sogar noch viel lieber und dem Kartoffelbrei tut das doch nicht weh!)
- Der Nachtisch wird zum Schluss gegessen! (Kapier ich nicht. Wieso? Ich will den zuerst und dann die Nudeln.)

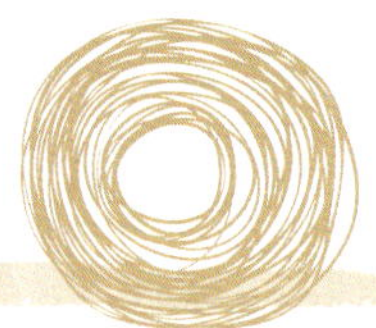

Die Sache mit den Regeln

- Alle Kinder sitzen still, wenn die Erzieherin etwas erklärt! (Das ist so schwer! Und ich kann doch auch zuhören, wenn ich mit meinem Auto spiele.)
- Es wird nicht geschrien! (Die Erzieherin schreit doch auch, wenn sie wütend ist ...)

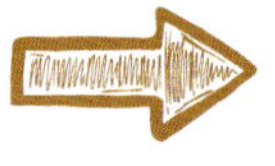

Auch für Regeln gilt:
*So viel wie **nötig**,*
*so wenig wie **möglich**!*

Je mehr Regeln aufgestellt werden, desto größer ist natürlich die Wahrscheinlichkeit, dass nicht alle davon eingehalten werden. Frustration, Bewertung und Konsequenzen in Form von Sanktionen sind die Folge. Deshalb überprüfen Sie, ob wirklich alle Regeln in Ihrer Kita oder speziell in Ihrer Gruppe sinnvoll und für die Kinder verständlich sind. Haben Sie den Mut, unnötige Regeln zu streichen. Die Kinder werden es Ihnen danken.

Der folgende Reflexionsbogen kann Ihnen bei der Hinterfragung von Regeln helfen. Überlegen Sie in Ruhe, welche Regeln es in Ihrer Kita gibt. Es sind vielleicht mehr, als Sie im ersten Moment denken, und nicht alle sind zwangsläufig schriftlich fixiert.

Die Sache mit den Regeln

– Kopiervorlage –

Welche Regeln gibt es? Wie lauten sie genau?	Welchen Sinn hat die Regel? Was genau bezweckt sie?	Welcher Wert liegt ihr zugrunde?	Wer hat die Regel aufgestellt?	Halten die Kinder die Regel ein?	Ist diese Regel tatsächlich notwendig?

Die Sache mit den Regeln

Gebote und Verbote

Beachten Sie bei der Formulierung von Regeln für Kinder den Unterschied zwischen Geboten und Verboten. Die Wirkung ist nämlich eine unterschiedliche. Gebote signalisieren: Ich traue dir die Kompetenz zu. Verbote signalisieren: Ich traue dir nicht zu, dass du es richtig machst, deshalb weise ich dich darauf hin, was man nicht tun darf. Lassen Sie folgende Formulierungen, die inhaltlich das Gleiche meinen, einmal auf sich wirken:
„Wir gehen langsam und leise die Treppen hoch!" *(Gebot)*
„Wir rennen und schreien nicht im Treppenhaus!" *(Verbot)*

Die unterschiedlichen Wirkungen von Geboten und Verboten auf der Gefühlsebene erleben nicht nur Kinder, sondern auch Erwachsene. Versuchen Sie deshalb, Hinweisschilder für Erwachsene in der Kita möglichst als Gebote zu verfassen, z. B.: „Zutritt nur mit Hausschuhen oder auf Socken" anstatt: „Mit Straßenschuhen kein Zutritt!". Selbst das Ausrufezeichen hat eine Wirkung, merken Sie es? Der Unterschied zwischen „Ich kann" und „Ich darf nicht" ist groß. Gebotsschilder sind Zeichen einer Willkommenskultur, und diese sollte Anliegen einer jeden Kita sein.

Optische Darstellung von Regeln

Einige Erzieherinnen machen Regeln für Kinder optisch sichtbar. Das ist eine gute Idee, weil die Kinder im Alltag daran erinnert werden. Folgende Varianten sind uns dazu begegnet:

- In jedem Gruppenraum stehen die Raumregeln schriftlich auf einem DIN A3-Plakat. (Können 3- bis 5-Jährige in der Kita schon lesen?)
- Die Regeln wurden von der Erzieherin bildlich dargestellt (gezeichnet).
- Die Regeln wurden von Kindern gezeichnet.
- Kinder haben die Regeln selbst bzw. mit Gegenständen (z. B. Schuhe ordentlich im Schuhrega / Schuhe unordentlich verteilt im Flur) dargestellt. Die Erzieherin hat davon ein Foto gemacht. Gebote hat sie blau eingerahmt; Verbote hat sie rot eingerahmt oder rot durchgestrichen.

Wir selbst favorisieren das letzte Beispiel, da Fotos am besten die Wirklichkeit wiedergeben. Das soll keine Kritik an Ihrer Kreativität oder den künstlerischen Talenten der Kinder sein, aber Zeichnungen sind oft schwieriger zu entschlüsseln als ein Foto.

Fotorahmen: © Lapetiteprune | stock.adobe.com, Kinder: © Anja Boretzki

Die Sache mit den Regeln

Wer hält schon alle Regeln ein?

Natürlich schützen sowohl die Beteiligung der Kinder bei der Erarbeitung von Regeln als auch die optische Darstellung nicht davor, dass es zu Regelbrüchen kommt. Dies passiert meist dann, wenn die bekannte Regel eigenen Interessen widerspricht, ich diese Interessen aber unbedingt durchsetzen möchte. Auch das fällt nicht nur Kindern schwer, sondern auch vielen Erwachsenen. Nehmen wir nur mal ein Fußballspiel der Bundesliga. Es gibt ein Spielfeld, Spielregeln und einen Schiedsrichter. Dennoch hagelt es mehr oder weniger gelbe und rote Karten bis hin zum Platzverweis – und zwar aufgrund von Regelverstößen. Halten wir deshalb alle Fußballer für schlechte Menschen oder für uneinsichtig, trotzig, böse? Nein, wir haben Verständnis dafür, dass sie im Eifer des Gefechts und wegen ihres großen Willens, zu siegen, etwas rabiat um den Ball gekämpft haben.

Ohne Regeln würde die Gesellschaft zusammenbrechen, aber eins ist auch klar: Jede Regel schränkt die Freiheit ein. Hätten sich alle Menschen immer an die Regeln gehalten, gäbe es weder Fortschritt noch Kunst. Und auch weniger Vergnügen. Oder haben Sie als Kind oder Jugendliche immer alle Regeln Ihrer Eltern eingehalten? Dieses grundsätzliche Verständnis für Regelbrüche, die Einsicht, dass es manchmal sehr schwer fällt, sich an Regeln zu halten, sollten wir auch Kindern entgegenbringen. Es ist doch vollkommen nachvollziehbar, dass Kinder bestimmte Regeln manchmal nicht einhalten wollen oder können – nämlich dann, wenn eine Regel ihren aktuellen Interessen widerspricht. Das heißt nicht, dass wir die (sinnvolle!) Regel dann außer Kraft setzen. Vielmehr sollten wir Kinder dabei unterstützen, eine Regel auch dann einhalten zu lernen, wenn es gerade nicht in ihr Spiel passt. Und wir sollten ihnen dabei helfen, die vorher bekannten Konsequenzen zu tragen. Wir fördern damit eine wichtige soziale Kompetenz: Frustrationstoleranz. Im Übrigen besteht darin der wesentliche Unterschied zwischen Strafen und Konsequenzen: Konsequenzen sind vorher angekündigt und daher kalkulierbar. Sie beziehen sich auf eine konkrete Situation. Sie sind verhältnismäßig. Das Kind kann also bewusst entscheiden, wie es handelt, ob es sich korrigiert und ob es gegebenenfalls die Konsequenzen in Kauf nimmt.

Ein Beispiel aus dem Kindergarten: Die Regel lautet „Immer nach drei Runden werden am Schuppen die Roller gewechselt, wenn dort an der ‚Haltestelle' ein anderes Kind steht." Paul ist vier Jahre alt, natürlich kann er schon längst bis drei zählen und er sieht auch, dass Justus wartet. Aber der neue Roller ist sooo toll und er möchte noch weiterfahren – schließlich geht es bestimmt gleich rein zum Mittagessen und wer weiß, ob er dann noch einmal dran sein kann? Also fährt er, ohne zu bremsen, an Justus vorbei.

Hier sind Sie als „Schiedsrichter" gefragt! Wenn die Regel bekannt ist, Justus protestiert und Paul uneinsichtig ist, muss umgehend eine Konsequenz folgen. Die könnte beispielsweise so aussehen: Sie halten Paul auf dem Roller an und fordern ihn klar und bestimmt auf, sofort abzusteigen. Wirft Paul den Roller wütend hin, heben Sie ihn auf und lassen Justus aufsteigen. Dann wenden Sie sich Paul zu, hocken sich hin und sagen zu ihm: „Ich verstehe, dass du wütend bist und den Roller nicht abgeben wolltest." Sie signalisieren ihm damit, dass Sie seine Gefühle ernst nehmen. Weiter: „Wenn du willst, warte ich gemeinsam mit dir, bis du wieder an der Reihe bist." Sie können sich mit ihm unterhalten und so das Warten für ihn leichter machen. Dabei sagen Sie ihm: „Weißt du, ich habe mich eben auch geärgert, als du den Roller hingeworfen hast. Denn ich mach mir Sorgen, dass der dann ganz schnell kaputt ist und kein Kind mehr damit rollern kann." Vielleicht bieten Sie ihm auch eine Alternative an, wie er beim nächsten Mal, wenn er wütend ist, mit seinem Ärger umgehen kann: lieber ganz doll mit dem Fuß aufstampfen oder Ähnliches. Bitte beachten Sie, bei solchen Gesprächen mit Kindern einfache, verständlich auf den Punkt gebrachte Sätze zu formulieren.

Diese exemplarische Reaktion wäre eine sinnvolle und dem Regelbruch angemessene Konsequenz für Paul gewesen. Eine Strafe hingegen hätte beispielsweise so ausgesehen: Beim Mittagessen sagen Sie vor allen Kindern laut an, dass Paul die ganze Woche lang keinen Nachtisch bekommt, weil er vorhin Justus nicht den Roller gegeben hat. Diese Reaktion wäre erstens unangemessen und zweitens für Paul nicht nachvollziehbar, nicht logisch, weil es überhaupt keinen Sinnzusammenhang gibt.

Ignorieren ist hart

Wenn Kinder Regeln missachten, dann hören wir von Erzieherinnen häufig den Satz: „Das Kind ignoriert die Regeln einfach!". Der Ärger darüber ist unüberhörbar. Ignorieren bedeutet, jemanden oder etwas **bewusst** zu übersehen, zu übergehen, nicht zu beachten. Es handelt sich also bei einer solchen Aussage um die Annahme eines **absichtlichen** Verhaltens. Fragen Sie sich bitte immer, ob es wirklich Absicht des Kindes war, eine Regel zu missachten, oder ob andere Gründe vorliegen könnten, bevor Sie einem Kind den Vorwurf des Ignorierens machen. Verstehe ich z. B. eine Regel nicht und halte sie deshalb nicht ein, dann ist das nicht gleichbedeutend mit Ignorieren. Interessant ist, dass uns Erzieherinnen im Zusammenhang mit erlebten Grenzsituationen berichten, dass Sie sich als pädagogische Maßnahme häufig für das Ignorieren des Kindes entscheiden. Wenn also das Kind Regeln nicht einhält oder ein unerwünschtes Verhalten zeigt, wird es ignoriert. Auf unsere Nachfrage, ob das denn den gewünschten Erfolg gehabt hätte, gab es entweder die Antwort „Nein, es wurde sogar noch schlimmer; das Kind hörte einfach nicht auf, zu stören" oder „Ja, das Kind fügte sich und hat verstanden; es hat nach einer gewissen Zeit aufgehört, zu stören."

„Sich fügen" bedeutet „sich unterordnen, sich einordnen". Unterordnen setzt bestehende Machtverhältnisse voraus. Pädagogische Fachkräfte sollten in solch einem Fall also dringend reflektieren, worum es ihnen geht. Möchte die Erzieherin, dass sich Kinder unterordnen, ohne etwas infrage zu stellen? Geht es um klare Machtverhältnisse? Darum, wer das Sagen hat? Inwiefern werden dabei die Rechte von Kindern auf Information, Gehör und Mitsprache berücksichtigt? Wenn ein Kind sich fügt, dann heißt das noch lange nicht, dass es etwas verstanden hat; vielleicht hat es schlichtweg aufgegeben, dass es selbst verstanden wird.

Wir möchten Sie gern für die Auswirkungen von Ignoriert-Werden auf ein Kind sensibilisieren und Ihnen erläutern, warum Ignorieren nicht Ihre erste Wahl bei der „Wahl der Waffen" sein sollte.

Die Sache mit den Regeln

Überlegen Sie einmal, wie Sie sich fühlen, wenn ein Elternteil, die Leiterin oder eine Kollegin Sie ignoriert (Sie kennen das bestimmt). Wenn also jemand **bewusst** so tut, als wären Sie nicht anwesend oder hätten nichts gesagt. Das fühlt sich nicht gut an, oder? Es macht einen meist wütend, weil man keinen Handlungsspielraum hat und in diesem Moment schlichtweg komplett verneint wird. Die Wirkung ist also immens und bezieht sich auf die **ganze** Person.

Das bedeutet: Kindliches Verhalten sollte von Ihnen **nur in Ausnahmesituationen** ignoriert werden – und nur dann, wenn bestimmte **Bedingungen** erfüllt sind. Wann wäre eine solche Situation denkbar? Wir sprachen im Rahmen der Bucherstellung dazu auch mit Armin Krenz und er benannte als Beispiel folgendes Szenarium: Eine Erzieherin unterhält sich mit einem Kind, ein anderes kommt dazu, drängt sich dazwischen und möchte auch etwas erzählen. Die Erzieherin kann dieses Verhalten dann ignorieren, wenn dem „störenden" Kind die Regel vertraut ist, dass wir ein Gespräch nicht unterbrechen, sondern andere ausreden lassen und abwarten, bis das Gespräch beendet ist bzw. sich die Gesprächspartner mir zuwenden. Das Ignorieren in diesem Fall ist jedoch nur dann eine akzeptable – also für das Kind zumutbare – Maßnahme, wenn:

- die Erzieherin sich absolut sicher sein kann, dass dem Kind die Regel, die es durch sein Verhalten gerade überschritten hat, (a) ganz klar bekannt ist, (b) diese Regel **gemeinsam** aufgestellt und ausgiebig besprochen wurde und (c) zur Erinnerung z. B. im Gruppenraum bildlich dargestellt ist *und*
- die Erzieherin einschätzen kann, dass es sich nicht um eine besondere Situation handelt, die umgehend einer Klärung bedarf (ein Unfall o. Ä.) *und*
- gewährleistet ist, dass die Kinder im Tagesablauf immer vielfältige Möglichkeiten haben, sich mitzuteilen, sich zu äußern, ihre Vorschläge und Gedanken einzubringen, ihre Fragen loszuwerden (wenn sich Kinder also grundsätzlich in der Kita beachtet, verstanden und angenommen fühlen).

Wenn Kinder wenige Möglichkeiten für einen täglichen Austausch haben oder wenig positive Erfahrungen mit „Warten, bis ich dran bin" machen konnten, dann fällt es ihnen natürlich schwer, die Regel „Wir lassen einander ausreden!" einzuhalten. Positive Erfahrungen mit Wartesituationen können sein:

- Mein Warten wird belohnt, weil die Erzieherin sich dann Zeit für mich nimmt.
- In anderen Momenten kann ich selbst auch zu Ende reden, ohne unterbrochen zu werden.
- Wenn ich warte, bis ich dran bin, gibt es kein Gedränge.

Die Entwicklung von Frustrationstoleranz bedarf positiver Erfahrungen und vor allem einer inneren Zufriedenheit, einer Ausgeglichenheit, eines Sich-Wohlfühlens. Das betrifft auch die Erfahrung „Es lohnt sich, abzuwarten". Dadurch entsteht ein positiver Glaube an sich selbst und Vertrauen in die Welt.

Überprüfen Sie bitte auch unbedingt Ihre eigene Vorbildwirkung als Erzieherin: Lassen Sie die Kinder ausreden? Warten Sie ab, bis sich Kinder, die in ein Gespräch vertieft sind, Ihnen zuwenden, oder unterbrechen Sie die Kinder, weil Sie etwas klären möchten?

Die folgende Fallgeschichte von Leo verrät uns einiges mehr über Regeln, Regelbrüche und das, was wir daraus lernen können.

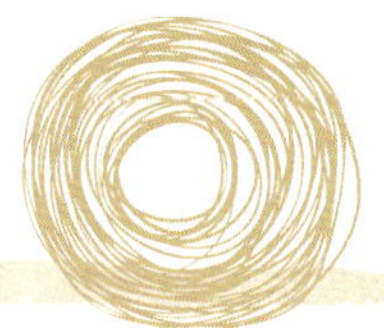

Die Sache mit den Regeln

Leo, der Schatzsucher – Teil I

Leo ist sechs Jahre alt und seit drei Wochen ein frisch gebackener Schulanfänger. Er geht gern zur Schule und in den Hort, auch wenn er nicht immer versteht, warum er das eine darf und das andere nicht. Leo spielt gern allein, er ist fantasievoll, hat tolle Ideen und einen Plan, wie er diese umsetzen kann. Leo braucht kein Spielzeug. Er ist ein regelrechter Sachensucher. So sucht und findet er immer all das, was er für sein Spiel braucht. Leider nur sind die Horterzieherinnen damit überhaupt nicht einverstanden.

Leo geht in der Hofpause und auch am Nachmittag im Hort sehr gern auf den Schulhof. Am liebsten ist er dann abseits und durchsucht die Gebüsche. Er sucht Stöckchen, gerade mal so groß wie ein kleines Lineal, oder Steine, die genau in seine Hand passen. Aber sie müssen eine besondere Form haben – sie zu finden, ist reine Glückssache. Es verlangt viel Ausdauer, denn die Gebüsche werden regelmäßig vom Hausmeister ausgeharkt; Stöckchen und Steine sind eine große Seltenheit auf dem Schulgelände. Wenn es am Wochenende stürmisch war, ist die Chance um einiges größer, wenigstens ein paar Stöckchen zu finden. Blöd nur, dass es eine Hortregel gibt: Spielen mit Stöcken und Steinen ist verboten! Und so passiert es regelmäßig, dass die Erzieherinnen ihm seine Schätze einfach wegnehmen und auf die Regel verweisen. Leo findet die Regel doof und er versteht sie nicht. Die Erzieherinnen erklären dann immer, dass die Verletzungsgefahr zu groß sei. Das leuchtet ihm nicht ein: Er will doch damit keinem Kind wehtun und er selbst ist vorsichtig genug, dass er sich mit dem Stock oder Stein nicht selbst verletzt, er ist doch schon ein großer Junge. Aber es hilft nichts. Was auch immer er sagt, die Erzieherinnen bleiben dabei. Leo wird dann richtig wütend, schreit und will seine Schätze wiederhaben. Die Erzieherinnen setzen ihn dann erst einmal auf die Bank unterm Baum, damit er sich beruhigt. Das funktioniert nicht immer, manchmal versteckt er sich oder läuft einfach ins Gebüsch und lässt sich auch nicht fangen, egal wie sehr sie schimpfen und drohen.

Noch schlimmer wird es, als er weitere Sachen sucht, die er dringend zum Spielen braucht. Die findet man nämlich nur in den Mülleimern auf dem Schulhof und das auch nicht jeden Tag. Also nutzt Leo jeden Augenblick auf dem Schulhof, in der Hofpause oder am Hortnachmittag und durchwühlt die Mülleimer. Wenn viele leere Saftflaschen, Essensreste oder Verpackungen darin sind, wirft er die Dinge einfach raus, damit sie ihm die Sicht nicht versperren. Schließlich sucht er was ganz Bestimmtes und er muss sich beeilen. Denn sobald er seine Suchaktion beginnt, kommen die Erwachsenen angerannt, schreien ihn an, schimpfen wegen der Unordnung und regen sich auf, wie eklig das wäre. „Leo, man kramt nicht in Mülleimern!" Und sie nehmen ihm jedes Mal alles weg, was er bereits gefunden hat. Manchmal ist er schneller, dann rennt er weg und schafft es, seine neuen Schätze im Ranzen zu verstecken. Aber seit Kurzem machen die Erzieherinnen Taschenkontrolle, wenn sie ihn wieder bei seiner Schatzsuche erwischen. Sie verwarnen ihn. Inzwischen gibt es schon einen Eintrag in seinem Hausaufgabenheft. Und neulich hat Mama ihm gesagt, dass er zum Elterngespräch in den Hort muss, weil es so mit ihm, Leo, nicht weitergehen kann. Er würde sich ständig nicht an Regeln halten und man müsse überlegen, ob er weiterhin mit solch einem Verhalten den Hort besuchen darf. Leo versteht die ganze Aufregung nicht, aber er sieht, dass seine Mama traurig ist. Ist er wirklich so ein schlimmer Junge?

Die Sache mit den Regeln

Und nun mit der Lupe

Leo hat Ideen; er weiß genau, was er im Hort spielen möchte. Dazu benötigt er bestimmte Sachen, die er in den Horträumen nicht vorfindet. Doch er weiß sich zu helfen und dieses Problem zu lösen: Er sucht in Gebüschen oder den Mülleimern des Schulhofes. Das ist eine wesentliche Kompetenz. Denn die Planung von Vorhaben und die Lösung von Problemen sind zwei der wichtigsten kognitiven Fähigkeiten. Das hat anscheinend niemand gemerkt, geschweige denn als Leistung anerkannt. Was für die Erzieherinnen von Bedeutung ist, sind einzig und allein die geltenden Hortregeln – und die lauten, dass weder mit Stöcken noch mit Steinen gespielt werden darf. Auch ist es aus Sicht der Erzieherinnen völlig klar, dass Mülleimer aus hygienischen Gründen nicht durchsucht werden können.

Leo hält die Regeln aus bekannten Gründen wiederholt nicht ein, obwohl er immer wieder ermahnt wird und entsprechende Sanktionen bekommt. Wie stark muss sein Wunsch nach seinem Spielmaterial sein! Aber keiner merkt, wie enorm wichtig ihm das ist! Seine Reaktionen auf die Verbote werden heftiger, ein einziger Hilfeschrei. Doch die Erzieherinnen hören ihn nicht; sie empfinden ihn als verhaltensauffällig und sind der Meinung, dass er nicht horttauglich ist.

Wie erlebt das Kind das Verhalten der Erzieherin? Welche Auswirkungen könnte das auf sein Selbstbild haben?

- Ich darf nicht spielen, was ich möchte.
- Was ich mache, ist verboten.
- Ich muss mich an „komische" Regeln halten.
- Ich werde bestraft, wenn ich mich nicht an die Regeln halte.
- Die Erzieherinnen verstehen mich nicht.
- Die Erzieherinnen interessieren sich nicht für mich.
- Wenn ich etwas finde, darf ich es nicht behalten.
- Ich bin so böse, dass ich vielleicht nicht mehr in den Hort darf.

Fotorahmen: © Eva Spanjardt

Die Sache mit den Regeln

Leo, der Schatzsucher – Teil II

In ihrer Verzweiflung bitten die Erzieherinnen ihre Fachberaterin um Unterstützung. Sie soll auf die Mutter einwirken und ihr erklären, dass Leo eine andere Betreuungsform benötigt.
Wenige Tage später besucht die Fachberaterin den Hort. Die Erzieherinnen schildern ihr ausführlich, wie sie Leo erleben und warum es aus ihrer Sicht untragbar sei, ihn weiterhin zu betreuen. Nachdem sie sich alles angehört hat, schlägt sie vor, Leo am heutigen Tag zu beobachten, um sich selbst ein Bild machen zu können. Sie bittet jedoch die Erzieherinnen, ihm heute keine Grenzen bezüglich seines Verhaltens zu setzen, damit sie sehen kann, was passiert. Die Erzieherinnen sind etwas überrascht, versprechen aber, sich daran zu halten.

Wenig später kommt Leo aus der Schule. Nachdem er Mittag gegessen hat, geht er gleich raus auf den Hof. Die Fachberaterin folgt ihm und beobachtet ihn aus der Entfernung. Es dauert nicht lange, da verschwindet Leo im Gebüsch. Sie sieht, wie er etwas aufhebt, dabei strahlt und es in die Tasche steckt. Wieder einige Minuten später hebt er einen kleinen, etwa 20 cm langen Stock auf. Sofort kommt eine Erzieherin zur Fachberaterin und sagt: „Siehst du, schon wieder hat er einen Stock. Er kann sich einfach nicht an die Regeln halten." Ja, auch die Fachberaterin hatte es beobachtet. Sie erinnert noch einmal an die Zusage, nichts zu unternehmen, und ist gespannt, was Leo nun tun wird. Er steckt auch den Stock in die Hosentasche, dieser passt nicht ganz hinein und schaut verräterisch hervor. Nun schaut Leo sich um, dann geht er zielgerichtet auf den nächsten Mülleimer zu. Er kramt einige Minuten darin herum. Den Erzieherinnen fällt es sichtlich schwer, sich nicht einzumischen. Endlich scheint er fündig geworden zu sein, wieder steckt er etwas in seine Hosentasche. Dann läuft er schnell ins Gebüsch, hockt sich hin und werkelt mit dem Rücken zu den Erzieherinnen eine ganze Weile umher. Aus der Ferne ist nicht zu sehen, was genau er macht. Wenige Augenblicke später ist er anscheinend fertig, er steht auf, hält etwas vor sich hin, und läuft mit dem Blick auf die Erde gerichtet, konzentriert über den Schulhof. Nun hält es die Fachberaterin nicht mehr aus. Sie platzt fast vor Neugier, was genau Leo mit den Dingen, die er gefunden hat, gemacht hat. Sie nähert sich ihm mit einem Lächeln. Als sie kurz vor ihm ist, nimmt Leo sie erst wahr. Er erschrickt kurz und hält schnell sein „geheimes Ding" hinter den Rücken. Die Fachberaterin fragt ihn, was er da hätte und ob sie es sehen dürfe. Leo zögert kurz, dann hält er ihr etwas unter die Nase und schaut sie abwartend an. Die Fachberaterin sieht den Stock. Am oberen Ende hat Leo einen Stein angebracht. Dazu hat der die Wachshülle von einem Käse, den viele Kinder als Snack in ihren Brotdosen haben, weich geknetet und als „Kleber" benutzt. Neugierig fragt sie, was er denn gebaut habe. Leo antwortet, das sei ein Detektor, um Schätze zu finden. Leise fragt er: „Darf ich es behalten und weiterspielen?" Die Fachberaterin nickt begeistert über so viel Kreativität und Fantasie des Jungen. Sie kann nun sehr gut verstehen, warum Leo die Regeln nicht einhalten kann.

Die Fachberaterin geht zu den Erzieherinnen und bittet sie, Leo seinen Detektor nicht wegzunehmen. Sie übernimmt auch die Verantwortung, weil sie keine Verletzungsgefahr sieht. Gemeinsam mit den Erzieherinnen möchte sie in einer Teamberatung auswerten, was Leo genau aus welchen Gründen getan hat.

Die Sache mit den Regeln

Noch einmal mit der Lupe

In der Teamberatung berichtet die Fachberaterin von ihren Beobachtungen und „übersetzt" das Tun von Leo:

Leo hat seit Längerem eine Idee für sein Spiel. Dazu benötigt er diverses Material: einen Stein in einer besonderen Form, einen Stock und die Wachshülle vom Käse. Diese Dinge gibt es nicht im Kreativraum des Hortes. All das versucht er sich über Wochen zusammenzusuchen. Dabei wird er immer wieder unterbrochen, seine bereits gefundenen Schätze werden ihm weggenommen und kein einziges Mal kann er seine Spielidee umsetzen. Das macht ihn wütend, denn die Erzieherinnen verstehen ihn nicht, bestrafen ihn sogar. Trotzdem gibt er nicht auf, er startet immer wieder einen neuen Versuch. Dann endlich kann er seinen Plan umsetzen – und heraus kommt ein Detektor.

Als die Fachberaterin an dieser Stelle ihres Berichtes ist, platzt eine Erzieherin heraus: „Das stimmt, er ist ein absoluter Schatzsucher. Wenn ein Kind etwas verliert, macht sich Leo immer sofort auf die Suche. Und ganz ehrlich, egal wie klein der Gegenstand ist, Leo findet ihn mit großer Sicherheit. Z. B. neulich den Ohrring von Maria."

Die Fachberaterin bittet nun die Erzieherinnen, zu analysieren, was alles unter dem Aspekt **Lernen** in Leos Verhalten erkennbar ist. Die Erzieherinnen tragen zusammen:

- großes Interesse (seine Spielidee umzusetzen)
- Motivation, Anstrengungsbereitschaft (bleibt dran, unternimmt immer wieder den Versuch der Umsetzung)
- stellt sich ausdauernd den Herausforderungen (gibt trotz mehrmaliger Frustrationserfahrungen und Bewertung nicht auf)
- Fantasie (Spielidee, mit selbst gebautem Detektor auf Schatzsuche zu gehen)
- entwickelt verschiedene Lösungswege, um an sein Ziel zu kommen
- Nachahmung (baut einen Detektor nach)
- Interaktion (Auseinandersetzung mit den Erzieherinnen)
- Wiederholung (Materialsuche)
- Variation (entwickelt unterschiedliche Vorgehensweisen)
- Experimentieren (hat eigene Idee, wie Detektor gebaut werden könnte – ohne Anleitung)
- Konzentration (Als er sein Spielgerät endlich fertig gebaut hat, spielt er sein Fantasiespiel weltvergessen über mehrere Tage immer wieder am Nachmittag auf dem Schulhof.)

Die Fachberaterin bittet nun die Erzieherinnen, noch einmal zu benennen, was genau sie an Leos gezeigtem Verhalten am meisten stört und warum. Die Erzieherinnen benennen **einen** wesentlichen Punkt:

Leo hält sich nicht an die ihm bekannten Regeln „Kein Spiel mit Stöcken und Steinen" sowie „Kein Kramen in Mülleimern".

Die Sache mit den Regeln

Auf dem Prüfstand: Die aufgestellten Regeln

Nun möchte die Fachberaterin wissen, warum diese Regeln ihnen so wichtig sind und ob sie für Kinder sinnvoll seien. Die Erzieherinnen halten beide für vernünftig: Die Regel „Kein Spiel mit Stöcken und Steinen" diene dem Schutz vor Verletzungen. Die Regel „Kein Kramen in den Mülleimern" diene dem Schutz der Gesundheit; es sind hygienische Gründe, warum Erzieherinnen nicht möchten, dass Kinder Mülleimer durchwühlen. Schließlich sind da auch oft Essensreste drin.

Die Fachberaterin bittet die Erzieherinnen, sich die Regeln noch einmal genauer anzuschauen und zu überprüfen, ob sie in der aktuellen Formulierung tatsächlich sinnvoll für Kinder sind. Dabei zeigt sich, dass Kinder gerade mit Stöcken und Steinen sehr gern spielen, wenn sie dürfen. Sie brauchen sie im Sandkasten, beim Rollenspiel oder zum kreativen Gestalten. Die Fachberaterin schlägt eine Veränderung der Regel vor. Die Erzieherinnen einigen sich auf die Formulierung „Mit Stöcken und Steinen kann gespielt werden. Ausnahme: Steine werden nicht geworfen und mit Stöcken wird nicht gekämpft."

Hinsichtlich der zweiten Regel fragt die Fachberaterin, was man denn anders machen könnte, damit Leo und andere Kinder diese Regel einhalten können. Schnell wird den Erzieherinnen klar, dass Leo ja nicht „einfach so" die Mülleimer durchwühlt hat, sondern auf der Suche nach bestimmtem Baumaterial war, das es in den Horträumen nicht gibt. Denn da finden sich zwar tolle Bastelmaterialien, wie Pailletten, Perlen, Motivstanzer in Herz- oder Sternchenform und viele andere schöne Dinge, aber eben kein möglicherweise „unschönes" (Spiel-)Material.

Spielmaterial

Stöcke und Steine sind Beispiele für Naturmaterial, eine der drei großen Kategorien von Spielmaterial.[16] Die zweite Kategorie bildet Verpackungsmaterial, die dritte Kategorie umfasst Alltagsgegenstände. Unter Spielmaterial verstehen wir Dinge, die nicht explizit für ein bestimmtes Spiel angefertigt wurden, sondern von Kindern für ihr Spiel zweckentfremdet werden. Spielmaterial regt die Fantasie und Kreativität der Kinder an. Es ist deshalb bedeutsam für die Entwicklung und den Ausbau der Spielfähigkeit. Im Vergleich dazu ist „Spielzeug" ein bewusst von Menschenhand gefertigter Gegenstand zum Zweck des Spielens; es ist bedeutsam, um vertiefende Spielerfahrungen machen zu können. Sowohl Spielmaterial als auch Spielzeug unterstützen Kinder in ihrem Lernen.

---

[16] Ausführliche Erläuterungen zum Unterschied zwischen Spielzeug und Spielmaterial sowie zur großen Bedeutung von Spielmaterialien für Kinder finden Sie auf den Seiten 41 – 43 in unserem Buch „Tagesmutter werden | Tagesmutter sein. Der Praxisratgeber für die professionelle Kindertagespflege. Von A wie Anmeldung bis Z wie Zusammenarbeit mit den Eltern. Verlag an der Ruhr 2012. ISBN 978-3-8346-0990-8.

Die Sache mit den Regeln

Die Lösung war so einfach

Die Horterzieherinnen reflektieren selbstkritisch, dass es in ihren Räumen weder Naturmaterialien noch Verpackungsmüll oder Alltagsgegenstände für das Spiel der Kinder gibt. Deshalb wollen sie den Kindern nun zukünftig weiteres Material anbieten. Gemeinsam wird entschieden, noch heute einen großen Weidenkorb im Eingang zum Kreativraum aufzustellen, in den die Erzieherinnen in den kommenden Tagen anfallende Verpackungsmaterialien von zu Hause füllen können. Die veränderte Regel zu den Steinen und Stöcken wollen sie in der nächsten Hortversammlung mit den Kindern besprechen. Auf Anregung der Fachberaterin hin sammeln sie mit den Kindern erste Steine am Strand.

Eine Woche später besucht die Fachberaterin den Hort erneut. Mitgebracht hat sie als Geschenk eine prallgefüllte Tüte mit leeren Verpackungen, wie Zwiebelnetze, leere Teetütchen, Federn von Kugelschreibern, Küchenrollen, Teelichtbehälter und natürlich die berühmten Käsehüllen aus Wachs. Vorsichtig fragt sie, wie sich denn die Situation mit Leo entwickelt hat. Freudig erzählen die Erzieherinnen, dass nun alles viel entspannter ist. Leo hat als Erster den neuen Materialkorb im Kreativraum entdeckt. Jeden Tag verbringt er viel Zeit in dem Raum und bastelt und werkelt. Das hat auch andere Jungs angesteckt, die nun den Raum für sich erobern. Früher waren die Jungs nur gelegentliche Randbesucher. Der Weidenkorb wird immer nach den Wochenenden von Kindern und Erzieherinnen mit „Verpackungsmüll" von zu Hause gefüllt.

Inzwischen geht Leo in die 3. Klasse. Er besucht den Hort nach wie vor, und zwar sehr gern. Den Mülleimer hat er nie wieder durchwühlt, auch gab es seitdem keine Unfälle mit Stöcken oder Steinen. Die Erzieherinnen freuen sich immer, wenn Leo da ist. Er hat sie noch oft zum Staunen und Nachdenken gebracht, wenn er eine Regel nicht annehmen konnte. Oftmals war sein Widerstand berechtigt – die entsprechende Regel war für Kinder nicht einhaltbar, weil sie ihren Forscherdrang einschränkte oder keinen verständlichen Sinn für sie ergab.

Die Sache mit den Regeln

Grundsätzliche Hinweise zu Regeln

Wenn Sie also in der Kita, im Hort oder auch zu Hause für Kinder gültige Regeln aufstellen, dann empfehlen wir Ihnen, sich folgende Fragen zu beantworten. Auch bereits gültige Regeln können Sie auf diese Weise kritisch überprüfen:

- Wem nutzt die Regel (mehr): mir oder den Kindern?
- Schränkt die Regel das Spielen/Lernen der Kinder ein?
- Wie können wir auf Sicherheit und Gesundheit achten, ohne Kinder in ihrem Forscherdrang zu sehr auszubremsen?
- Berücksichtigt die Regel die Grundbedürfnisse von Kindern?
- Was brauchen die Kinder unbedingt, das wir ihnen mit der Regel eventuell verwehren?
- Ist die Regel verständlich, nachvollziehbar und sinnvoll?
- Welche Regeln können Kinder nur schwer einhalten? Woran könnte das liegen? Können wir sie ändern, also den Interessen und Bedürfnissen der Kinder anpassen?

Hier sind Einfühlungsvermögen, Kreativität, Mut zu Neuem und manchmal auch Geduld gefragt. Mitunter dauert es eine Weile, bis man Hindernissen auf die Schliche kommt und die entscheidende Idee hat. Vielleicht braucht es den zündenden Impuls durch Kolleginnen, Eltern, die Leiterin, die Fachberaterin oder durch Kinder selbst. Fragen Sie andere, welche Erfahrungen sie mit Regeln gemacht haben. Und: Beobachten Sie die Kinder. Schauen Sie genau hin. Ihr Verhalten und ihre Reaktionen geben uns häufig Antworten; es ist **unsere** Aufgabe, das zu erkennen.

Kapitel 6

Kreative Alltagstipps

In diesem Kapitel möchten wir Ihnen einige Tipps für Ihren Kita-Alltag geben. Es sind Vorschläge, die Ihnen dabei helfen können, weniger Stress bei Kindern auszulösen und auch selbst gelassener zu bleiben. Wir berücksichtigen dabei kindliche Bedürfnisse und zeigen, wie Lernen ohne den berühmten Zeigefinger möglich ist. Es geht auch um Sinnzusammenhänge für Kinder.

Aufräumen

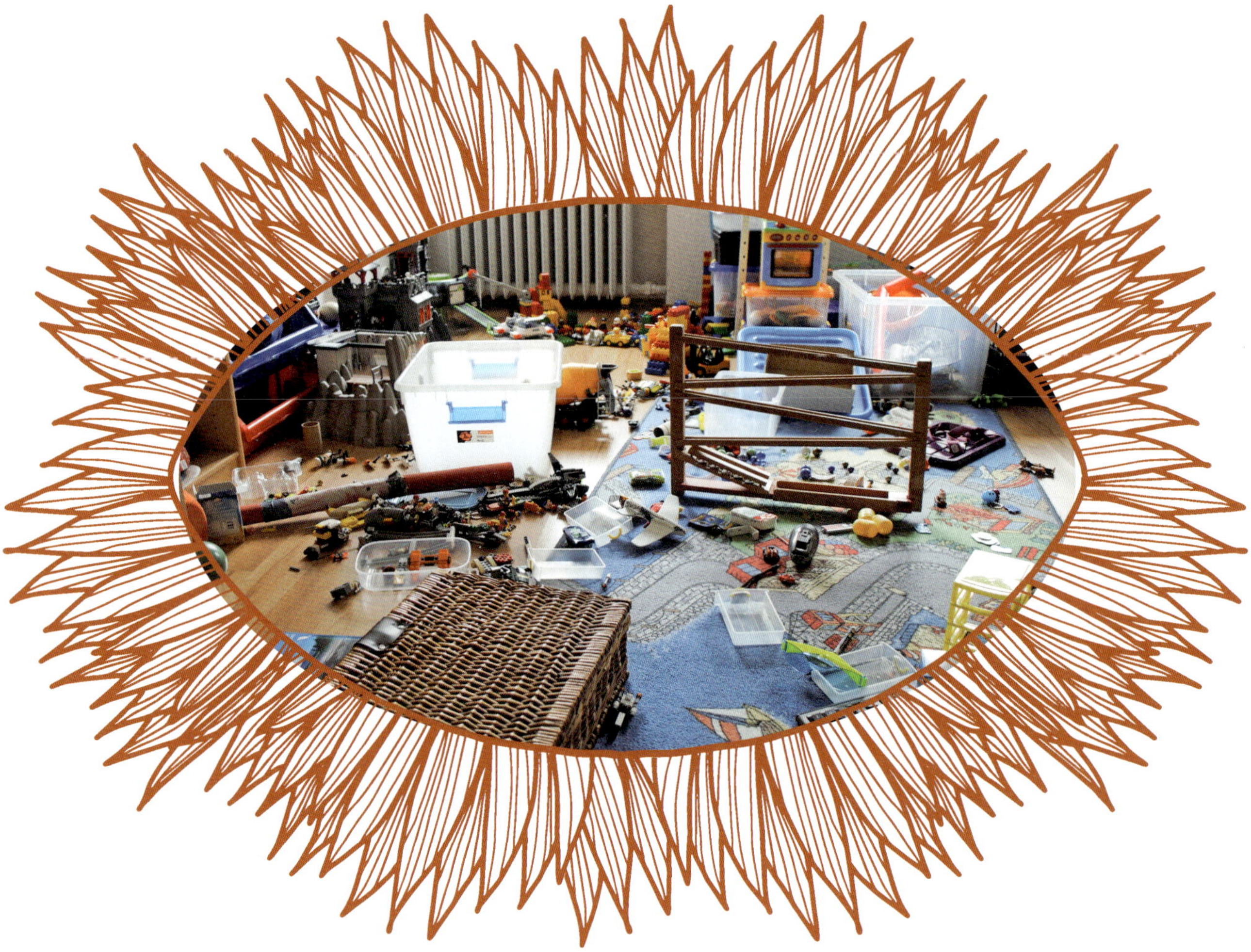

Das Aufräumen erleben Kinder oft als Störung in ihrem Spielverhalten. Es kostet sie wertvolle Zeit, die sie lieber mit anderen Dingen verbringen würden. Hinzu kommt, dass für Kinder oft nicht eindeutig klar ist, was Erwachsene unter Aufräumen eigentlich verstehen. „Aufräumen" ist ein dehnbarer Begriff. Eltern haben dazu eine andere Vorstellung als die Gruppenerzieherin oder die Praktikantin, aber alle benutzen das gleiche Wort. Und irgendwie ist für Kinder auch überhaupt nicht abzusehen, wie lange das dauert.

Hilfreich ist es für Kinder, klar und eindeutig zu formulieren, **was** genau **wohin** geräumt werden soll. Auch das **Warum** sollte Kindern in der jeweiligen Situation erläutert werden (Sinnzusammenhang!), z. B.: „Das Puzzle muss zusammengeräumt werden, damit wir den Tisch für das Mittagessen eindecken können" oder „Die Bausteine vom Teppich müssen wieder in die Kiste, damit wir die Matten für die Mittagsruhe hinlegen können." Räumen Sie also nur dann mit Kindern auf, wenn die aktuelle Situation oder der nächste Tagespunkt dies tatsächlich erfordert. Dadurch lernt das Kind die Notwendigkeit des Aufräumens in bestimmten Situationen kennen und verstehen.

Überprüfen Sie, **wann** Sie Kinder **warum** aufräumen lassen. Es ist ziemlich wahrscheinlich, dass Sie sich dabei ertappen, Ihr eigenes Ordnungsbedürfnis mitunter höher einzustufen als die tatsächliche Notwendigkeit für Kinder.

Aufräumen

Möglicherweise fällt es Ihnen schwer, über einen längeren Zeitraum das „Chaos“ auszuhalten, das sich Ihnen in einem Raum bietet. Doch dieses Chaos entsteht, während Kinder arbeiten, lernen. Und was für Sie nach Unordnung aussieht, birgt für Kinder vielleicht eine logische Struktur (Sie müssten mal unsere Schreibtische sehen!). Führen Sie sich immer wieder vor Augen, dass Spielen die Arbeit des Kindes ist. Wenn Sie also Kinder aufgrund Ihrer eigenen Interessen (Ordnungsliebe) aufräumen lassen, ist das problematisch, weil für Kinder nicht ersichtlich wird, warum sie jetzt aufräumen sollen. Es erscheint ihnen als unnütze, lästige Betätigung, im unglücklichsten Fall sogar als Strafe, die sie nicht nachvollziehen können.

Aufräumen ist wichtig, damit das Kind weiß, wo der Platz für etwas ist und die Sache dort auch wiederfindet. Es lernt, was Ordnung bedeutet und welchem Zweck sie dient. Spielerisch macht es natürlich gleich noch mehr Spaß:

Kreativtipp

Lassen Sie das gesamte Spielzeug, das in einem oder mehreren Räumen herumliegt, von den Kindern auf einen Haufen legen. Setzen Sie sich mit ihnen im Kreis rundherum. Fragen Sie: „Wer von euch weiß, wo etwas hingehört?“. Immer wenn ein Kind weiß, wo der genaue Platz für einen Gegenstand ist, steht es auf, nimmt das Spielzeug und legt es an die richtige Stelle zurück. Was glauben Sie, wie schnell plötzlich aufgeräumt ist! Für Kinder ist bei dieser Methode auch erlebbar, wie lange das Aufräumen dauert – nämlich bis der ganze Berg abgearbeitet ist. Und dann ist wieder Zeit für die schönen Dinge …

Weitere Anregungen finden Sie auch in der Publikation „Das Ritualebuch für kleine Kinder“, Seite 48 unter dem Kapitel „Wir räumen auf“ (siehe auch Literaturhinweise).

Kinderbücher

An vielen Beispielen, die wir geschildert haben, wurde deutlich: Kinder fühlen sich in manchen Situationen überfordert, missverstanden oder ihren Gefühlen hilflos ausgeliefert. Sie wissen dann gar nicht so recht, wie ihnen geschieht: Sie verstehen sich selbst nicht oder fühlen sich schuldig, schlecht. Kinderbücher können Kindern dabei helfen, sich wiederzufinden. Sie geben ihnen das Gefühl, mit einer Situation nicht allein zu sein, oder bieten Anregungen, eine Lösung zu finden. Kinder haben die Möglichkeit, sich mit den Helden der Bücher zu identifizieren und miteinander oder mit uns ins Gespräch kommen.

Manche Bücher bieten einen wundervollen, unerwarteten Ansatz. Eine kleine Auswahl haben wir am Ende des Buches für Sie zusammengestellt. Ein Buch möchten wir hier exemplarisch empfehlen: „Achtung! Bissiges Wort!" Darin geht es, wie der Titel schon erahnen lässt, um Schimpfwörter, Beleidigungen, Flüche – Dinge, die nicht nur Kindern über die Lippen kommen, wenn sie sich über etwas oder jemanden ärgern. Denn durch Schimpfwörter drücken wir verbal aus, wie wir uns fühlen, sie sind kraftvoll, sollen uns schützen und unserem Ärger Luft machen. So wundert es nicht, dass es ganze Sammelbände zu deutschen Schimpfwörtern gibt. Doch einmal ausgesprochen, steht ein bestimmtes Wort im Raum und das kann zwischen Kindern dazu führen, dass sie nicht mehr miteinander reden oder gar spielen möchten. Das Besondere an diesem Buch ist, dass das bissige Wort als leere Sprechblase daherkommt. In die Geschichte des Buches kann ein konkretes Wort eingebaut werden, das zwischen Kindern tatsächlich im Alltag gefallen ist. So sind sie mittendrin im Geschehen und können sich mit ihren individuellen Gefühlen auseinandersetzen. Gleichzeitig darf das bestimmte bissige Wort im Rahmen der Geschichte immer wieder genannt werden, ohne dass die Kinder dafür gemaßregelt werden. Es verliert dadurch natürlich auch an Reiz. Denn aus welchem Grund sind Schimpfwörter etwas, wofür Kinder ein besonderes Gehör zu haben scheinen, wenn sie sie zufällig aufschnappen? Es liegt wieder einmal an uns. Die Kinder sehen, dass wir uns die Hand vor den Mund halten, wenn es uns selbst in ihrem Beisein rausrutscht. Es sind Wörter, die Erwachsene zwar benutzen, doch den Kindern weder erklären noch beibringen. Spricht ein Kind solch ein Wort aus, sieht es sprachlose Erwachsene, die aus Verlegenheit vielleicht rot anlaufen oder gar wütend über das Kind werden. So entstehen Fragen beim Kind. Kinder merken, dass sie bei Verwendung dieser Wörter – anders als bei anderen Wörtern – sofort unsere ungeteilte Aufmerksamkeit bekommen. Na, so ein Wort ist ja dann ein richtiges Zauberwort! Es kann also aus verschiedenen Gründen spannend für Kinder sein. Umso wichtiger ist auch hier ein gewisses Maß an Gelassenheit unsererseits. Gehen wir mit Schimpfwörtern offener um und nutzen kreative Methoden, z. B. ein solches Buch, dann fühlen sich Kinder nicht bewertet und lernen gleichzeitig etwas über soziale Werte.

Gefühle zeigen

Immer wieder haben wir in diesem Buch über die Bedeutung von Gefühlen gesprochen. Hier kommen nun einige Anregungen, die Kindern spielerisch den Zugang zu eigenen Gefühlen und denen anderer ermöglichen. Stellen Sie gemeinsam mit Kindern unterschiedliche Gefühlszustände bildlich/symbolisch dar und integrieren Sie diese Darstellungen in den Alltag. Hierzu gibt es mehrere Möglichkeiten. So können beispielsweise Fotokarten entstehen, auf denen Kinder selbst unterschiedliche Gefühle ausdrücken. Fotografieren Sie die Mädchen und Jungen mit ihrem jeweiligen Gesichtsausdruck, drucken Sie die Fotos aus und laminieren Sie sie. Die Gefühlskarten können in vielfältigen Gesprächssituationen genutzt werden, z. B. beim Erzählen einer Geschichte oder eines Erlebnisses, im Freispiel der Kinder, beim morgendlichen Ankommen, in Konfliktsituationen usw. Kinder lernen dadurch, zu verstehen, wie jemand aussieht und sich fühlt, wenn er traurig, glücklich, wütend oder ängstlich ist. So können sie zu diesen abstrakten Begriffen innere Bilder entwickeln, eigene Gefühlszustände einordnen und Gefühle anderer Menschen besser einschätzen. Eine andere Variante der Darstellung von Gefühlen ist der Gefühlewürfel, dessen Herstellung wir auf den Seiten 55–57 in unserem Buch „Spielbudenideen" ausführlich beschrieben haben.

In einer Kindertagesstätte haben wir eine weitere Möglichkeit zur Sichtbarmachung von Gefühlen gefunden. Dazu wurden von den Kindern unterschiedliche flache, glatte, handgroße Steine gesammelt. Diese wurden gesäubert und anschließend bemalt: mit einem Auge, einer Nase oder einem Mund. So können die Kinder eigene Gesichter und Gesichtsausdrücke zusammenstellen. Die Steine bieten außerdem viele weitere Möglichkeiten für eigene Spielideen der Kinder.

Raufen, Rangeln, Toben

Wut, Trauer, Angst gehen nicht „einfach so" vorbei. Das kennen wir alle. Helfen Sie Kindern, ihre Gefühle auszudrücken und im wahrsten Sinne zu verarbeiten. Gerade bei Wut spürt das Kind eine innere Unruhe, ein Kribbeln, eine Anspannung. Adrenalin, das sogenannte Stresshormon, wird vermehrt ausgeschüttet. Dieses lässt sich am besten durch Bewegung abbauen. Bieten Sie Jungen und Mädchen Möglichkeiten an, ihre Wut herauszulassen, ohne dass sie selbst, andere Menschen oder Gegenstände in Mitleidenschaft gezogen werden. Kinder erfahren so, dass sie mit ihrer Wut ernst genommen werden, und lernen darüber hinaus, ihre Wut angemessen zu regulieren. In mehreren Kitas haben wir eine entsprechende Ausstattung im Bewegungsraum gesehen: einen Boxsack, einen Punchingball oder Antiaggressionsschläger. Sie können von den Kindern bei Bedarf jederzeit eigenständig genutzt werden; im Vorfeld wurden gemeinsam Absprachen getroffen. Wir haben Rauf-, Rangel- und Tobespiele kennengelernt, die gleich mehrere tolle Dinge bewirken: Die Kinder können ihre Kräfte messen, Regeln und Grenzen einhalten lernen, Respekt entwickeln und vor allem überschüssige Energie abbauen.

Eine Erzieherin schilderte uns, dass sie einen Jungen auf besondere Weise bei der Verarbeitung von Frustrationserfahrungen (weil er nicht mitspielen durfte oder etwas misslang) unterstützte: Sie forderte ihn dann jedes Mal auf, die Treppe des Kindergartens mehrmals hoch- und runterzurennen, statt wie bisher andere Kinder zu kneifen oder Gegenstände zu werfen. Anfangs tat er es zögerlich, dann mit wachsender Begeisterung. Einige Tage später sagte er in einer ähnlichen Situation von sich aus, dass er die Treppen hoch- und runterlaufen möchte, damit es ihm wieder besser geht. Ich selbst habe Kindern in solchen Momenten Kissenschlachten mit mir angeboten, damit sie ihrem Ärger Luft machen können. Vorher haben wir jeweils besprochen, was dabei gemacht werden darf und was nicht. Außerdem verabredeten wir ein Stoppzeichen, das eingehalten werden musste, wenn einer nicht mehr kann. Ich war oft schneller aus der Puste als die Kinder, es hat aber einen Heidenspaß gemacht und irgendwann lagen wir alle lachend, nach Luft schnappend, auf dem Fußboden. Die Wut war verflogen. Daran hatte ich mich aus meiner eigenen Kindheit erinnert und wusste, wie gut mir solch ein Toben tat.

Gute Tipps finden Sie auch in dem Buch „Wo rohe Kräfte sinnvoll walten. Handbuch zum Ringen, Rangeln und Raufen in Pädagogik und Therapie." von Wolfgang Anders und Wolfgang Beudels (siehe Literaturtipps auf S. 126).

Kapitel 7

Wenn ein ungutes Gefühl bleibt

In den vorangegangenen Kapiteln haben wir anhand vieler Beispiele aufgezeigt, wie wir Grenzsituationen gemeinsam mit den betroffenen Kindern erfolgreich bewältigen können. Doch nicht immer gelingt uns das. Manchmal liegt es an den Umständen, manchmal an uns, dass Situationen vor Ort nicht befriedigend gelöst werden können. Dann bleibt ein Gefühl der Niederlage und wir quälen uns mit Fragen: Hab ich nicht genug getan? Hätte ich mehr tun können? Was wird aus dem Kind? Dazu lesen Sie hier noch zwei Erfahrungsberichte.

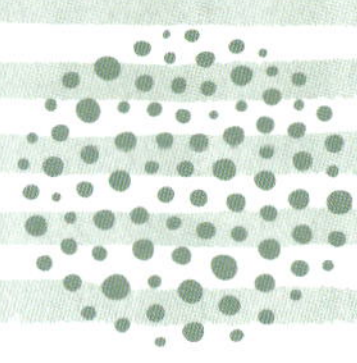

Fallbeispiele

Fietje

Fietje ist fünf Jahre alt. Er lebt bei seiner jungen, alleinerziehenden Mutter. Inzwischen besucht er schon die fünfte Kita, da sein Platz in allen vorigen Einrichtungen gekündigt wurde, weil er so auffällig war. Die Mutter signalisiert immer wieder, dass sie sich mit Fietje überfordert fühlt. Die aktuelle Kita ist eine Integrationskita; alle Beteiligten hoffen, dass es nun besser wird. Am Anfang sieht es auch ganz danach aus. Fietje lebt sich gut ein, besucht die Vorschulgruppe und scheint in seiner neuen Umgebung angekommen zu sein. Auch wenn es ihm sichtlich schwerfällt, Regeln einzuhalten, sind die Erzieherinnen zuversichtlich.

Wenige Wochen später kommt sein Cousin ebenfalls in seine Gruppe. Da diese nun aber zu voll sei, entscheiden sich die Erzieherinnen, Fietje in die mittlere Kindergartengruppe zu geben, die im Nebenraum von einer anderen Erzieherin betreut wird. Außerdem braucht Fietje nach Einschätzung der Erzieherinnen für seine Entwicklung noch ein weiteres Jahr in der Kita, bevor er eingeschult werden kann. Nun beginnen die Probleme. Immer wieder versucht Fietje, zurück in den Raum der Vorschulgruppe zu gelangen, wird aber daran gehindert und aufgefordert, die Regeln zu befolgen. Fietje wirft Gegenstände durch den Raum, haut Kinder und ist jetzt gar nicht mehr bereit, sich an Absprachen zu halten. Die Erzieherin der mittleren Kindergartengruppe lehnt er von Anfang an ab. Um eine tägliche Eskalation zu verhindern, bietet sie ihm an, sich in Momenten, in denen er wütend ist, im Flur in die Garderobe zurückzuziehen. Dort verkriecht er sich in einen offenen Schrank. Seine Erzieherin motiviert ihn immer wieder, in die Gruppe zurückzukommen, doch er will nicht. Er schreit, wehrt sich gegen jede Berührung, strampelt oder tritt. Eines Tages ist es so heftig, dass sich die Erzieherin keinen Rat mehr weiß, als zu versuchen, ihn festzuhalten. Das macht es nur noch schlimmer. Fietje schlägt jetzt wild um sich. Er trifft die Erzieherin hart mit der Faust im Gesicht.

Die Erzieherin drückt Fietje zu Boden, damit er sie nicht weiter verletzen kann, und setzt sich auf ihn, um ihn so fixiert zur Ruhe kommen zu lassen. Doch Fietje beruhigt sich nicht; er tritt wiederholt mit den Füßen in den Rücken der Erzieherin. Erst als eine weitere Erzieherin hinzukommt, schaffen es beide, ihn so festzuhalten, dass er nicht mehr um sich hauen kann und sich nach einigen Minuten beruhigt. Die Mutter wird angerufen und aufgefordert, ihren Sohn sofort aus der Kita abzuholen. Fietjes Gruppenerzieherin beendet umgehend ihren heutigen Dienst und sucht den Arzt auf. Sie wird über eine längere Zeit krankgeschrieben und trägt eine Vielzahl von Hämatomen aus dieser Situation davon. Sie sieht sich nicht mehr in der Lage, Fietje weiterhin zu betreuen, und hat große Angst, erneut von ihm angegriffen zu werden. Das Team meldet den Vorfall dem Träger. Es wird entschieden, den Betreuungsplatz fristlos zu kündigen. Der Träger informiert wiederum das Jugendamt. Die arbeitssuchende Mutter wird davon in Kenntnis gesetzt, dass sie nun die Betreuung ihres Sohnes bis zur geplanten Einschulung in eine inklusive Schule in fünf Monaten allein bewerkstelligen muss.

Wie hätte es anders verlaufen können?

Als die Kita Fietje aufgenommen hat – wozu keine andere Einrichtung im Umfeld mehr bereit war – hätte das Team von Anfang an fachlich begleitet und unterstützt werden müssen. Fietje hat in seinem bisherigen Leben bereits eine Vielzahl von Beziehungsabbrüchen erfahren müssen: zuerst die Trennung vom Vater, dann mehrere Kontakte zu Kindern und pädagogischen Fachkräften in den Kitas. Das hat sein Selbstbild und sein Vertrauen in andere Menschen negativ geprägt. Zum einen hat er Bezugspersonen als nicht verlässlich erlebt, zum anderen wurde ihm wiederholt verdeutlicht, dass er und sein Verhalten das Problem sind. Darüber hinaus erlebt er seine Mutter im Umgang mit ihm hilflos und auch ängstlich. Fietje baut zuerst einen guten Kontakt zur Vorschulerzieherin auf. Als er diese Gruppe verlassen muss, erlebt er das als Strafe und zeigt es in seinem Verhalten. Eine moderierte Fallbesprechung im Vorfeld hätte diese Entscheidung des Teams verhindern können. Denn Fietje braucht dringend stabile und verlässliche Beziehungserfahrungen. Den betroffenen Erzieherinnen hätten unter der Fragestellung „Was brauchst du?" themenbezogene Fortbildungen oder Beratungen ermöglicht werden müssen, z. B. Antiaggressionstraining für Kinder oder Supervision. Für Fietje selbst wäre es sinnvoll und hilfreich gewesen, durch gezielte individuelle Förderung zu lernen, seine Gefühle auszudrücken und zu verarbeiten, ohne dass er selbst oder andere zu Schaden kommen. Ein Einzelintegrationshelfer oder zusätzliche therapeutische Angebote hätten hier genutzt werden können. Auch die Mutter braucht Unterstützung. In der Zusammenarbeit mit ihr wäre es wichtig gewesen, ihr Möglichkeiten der Hilfe zur Erziehung anzubieten, z. B. durch einen Familienhelfer. Sie hatte ihre Überforderung immer wieder artikuliert. Die Zusammenarbeit mit dem Jugendamt und anderen Institutionen wäre von Beginn an erforderlich gewesen, um die pädagogischen Fachkräfte und die Mutter zu entlasten und somit eine Fortsetzung der Betreuung seitens der Kita gewährleisten zu können. All dies ist nicht geschehen. Was bleibt, ist ein schaler Geschmack im Mund und die Ungewissheit, ob und wie Fietje sein weiteres Leben meistern kann.

Fallbeispiele

Ben und Josi

Ben und Josi sind Geschwister. Sie gehen beide zur Schule. Ben ist in der dritten und Josi in der ersten Klasse. Nachmittags besuchen sie den Hort. Die Fachberaterin wird zu einer Teamberatung eingeladen, weil die Horterzieherinnen mit dem Verhalten vor allem von Ben nicht zurechtkommen und sich keinen Rat mehr wissen. Im Raum steht die Frage, ob die weitere Betreuung der Geschwisterkinder abgelehnt werden könnte. Sie schildern Bens Verhalten wie folgt: Er hält häufig die Hortregeln nicht ein. Wenn er darauf hingewiesen wird, rastet er aus. Er schlägt dann andere Kinder, schreit und benutzt drastische Schimpfwörter. Wenn eine Erzieherin versucht, die Situation zu lösen und die anderen Kinder zu schützen, versucht er, wegzurennen und sich im Schulgebäude zu verstecken. Im schlimmsten Fall droht er der Erzieherin mit Schlägen. Einige von ihnen haben Angst vor seinem aggressiven Verhalten, zumal Ben von kräftiger Statur ist. Hinzu kommt, dass beide Kinder immer wieder beim Diebstahl erwischt werden. Als die Fachberaterin genauer nachfragt, erfährt sie, dass die Geschwister in unbeobachteten Situationen an die Ranzen der anderen Kinder gehen und dort die Brotdosen plündern. Im weiteren Verlauf des Gesprächs stellt sich heraus, dass beide Kinder nicht zum Mittagessen angemeldet sind und entweder gar keine Brotdosen mithaben oder sich darin schon mehrmals schimmlige, ungenießbare Lebensmittel befanden.

Das Team und die Fachberaterin führen eine vertiefende Fallbesprechung durch. Dabei zeigt sich, dass die Mutter alleinerziehend ist und zwei weitere jüngere Geschwister im Haushalt leben. Ben vermisst seinen Vater, zu dem es nur sporadisch Kontakt gibt, da er weggezogen ist. Den Antrag auf kostenloses Mittagessen durch den sogenannten Bildungsgutschein hat die Mutter bisher nicht geschafft zu stellen. Die Erzieherinnen erkennen, dass Ben täglich versucht, Nahrung für sich und seine Schwester zu beschaffen. Ben findet entweder etwas in den Mülleimern auf dem Weg zur Schule, das er dann in die Brotdosen tut oder er sieht keine andere Möglichkeit, als das Pausenbrot anderer Schulkinder zu stehlen. Auch hatten beide in der Vergangenheit immer wieder über Hunger geklagt.

Als den Erzieherinnen bewusst wird, dass das gezeigte Verhalten von Ben eine Reaktion auf die Lebensumstände ist, in denen er lebt, sind sie in der Lage, ihm und seiner Schwester zu helfen. Mit dem Essenanbieter vereinbaren sie noch am gleichen Tag eine Übergangslösung: Wenn alle Kinder, die angemeldet sind, Mittag gegessen haben und Essen übrig bleibt, können beide Kinder kostenlos essen. Mittelfristig ist geplant, ein Gespräch mit der Mutter zu führen, auf die bestehende Kindeswohlgefährdung hinzuweisen und ihre Mitwirkungspflicht einzufordern. Die Leiterin bietet an, gemeinsam mit der Mutter den Antrag auf Kostenübernahme der Mittagsversorgung beim zuständigen Jugendamt zu stellen. Im Team wird weiter überlegt, welche Erzieherin am geeignetsten dafür ist, Ben intensiver zu begleiten und ihn dabei zu unterstützen, sein aggressives Verhalten zu verändern. Eine der Kolleginnen hat keine Angst vor seinen Wutausbrüchen und kann gut nachvollziehen, wie es ihm in den jeweiligen Situationen geht. Sie sieht seine Hilflosigkeit, seine Überforderung, seine Traurigkeit und seine Wut. Mit ihr wird besprochen, wie sie Ben in solchen Grenzsituationen beistehen und was sie ihm anbieten kann, die Wut umzulenken.

Sie besucht ein Seminar zum Raufen, Rangeln und Toben in Kindereinrichtungen. Darüber hinaus nutzt sie regelmäßige Einzelgespräche mit der Leiterin und der Fachberaterin. Das Team trifft die Vereinbarung, dass diese Erzieherin zukünftig umgehend in auftretenden Grenzsituationen freigestellt ist, um sich ausschließlich um Ben kümmern zu können. Sie zeigt ihm klare Grenzen auf, welches Verhalten zulässig ist und welches nicht. Gleichzeitig bietet sie ihm an, seine Wut mittels Schaumstoffkeulen-Sets im Sportwettkampf und durch andere Antiaggressionsspiele abzubauen.

In den kommenden Wochen entspannt sich der Hortalltag mit beiden Kindern zunehmend. Es wird deutlich, dass Ben sich zusätzlich überfordert damit gefühlt hat, für seine kleine Schwester sorgen zu müssen, und demzufolge auch ihr gegenüber häufig aggressiv war. Das Team bietet im Hortalltag nun gezielt Kleingruppen-AGs (Arbeitsgemeinschaften) an, die von beiden Kindern getrennt genutzt werden können. Die AG Backen und Kochen wird gern von beiden Geschwistern besucht, da sie die zubereiteten Gerichte anschließend essen können. Die Mittagsversorgung findet inzwischen regelmäßig statt, sodass es keine weiteren Diebstähle gibt.

Dann, nur wenige Monate später, kündigt die Mutter überraschend und kurzfristig den Betreuungsplatz, weil sie mit ihren Kindern in eine andere Stadt zieht. Dem Team bleiben nur wenige Tage, um Ben und Josi auf den kommenden Abschied vorzubereiten und den letzten gemeinsamen Nachmittag bewusst zu gestalten. Nach dem Umzug der Kinder hören sie wochenlang nichts von der Familie. Sie hatten sich die neue Adresse nicht geben lassen, weil sie dachten, es wäre besser so. Sie befürchteten, dass ein gehaltener Kontakt schmerzhaft für die Kinder sei. Oft fragen sie sich, wie es den Geschwistern wohl geht, ob die Probleme erneut auftauchen und ob die Familie auch in der neuen Umgebung unterstützt wird. Unsicherheit und Sorge machen sich breit – bis eines Tages das Horttelefon klingelt und Ben am Apparat ist. Er fragt gezielt nach der Erzieherin, die für ihn in den letzten Monaten die vorrangige Bezugsperson war. Beide unterhalten sich. Er berichtet von seinem neuen Leben und sie vereinbaren, wieder zu telefonieren. In der folgenden Teamberatung zeigt die Fachberaterin den Erzieherinnen auf, wie wichtig für Ben die Verbindung zu seinem „alten" Hort ist – als Hafen, als Anlaufstelle, wenn er Nähe und Unterstützung braucht, auch über eine solche Entfernung hinweg. Das Team entscheidet sich dafür, ihm eine Brieffreundschaft anzubieten, um im Kontakt zu bleiben, solange es für Ben wichtig ist.

Hilfe von innen und außen

In beiden geschilderten Fällen, so unterschiedlich sie auch sein mögen, konnte vor Ort nicht alles für das Kind getan werden. Wichtig sind immer die Erkenntnisse, die wir aus solchen Erfahrungen ziehen können. Sie ermöglichen uns, zukünftig sensibler und angemessener zu reagieren. Das bedeutet auch, sich im Bedarfsfall unbedingt Hilfe zu organisieren. Eventuell fehlen mir wichtige Kompetenzen, die ich durch gezielte Fortbildungen erwerben kann. Manchmal habe ich in meiner Sichtweise als Betroffene einen blinden Fleck und der Blick von außen öffnet mir in einem Gespräch die Augen. Oder ich nehme die Unterstützung weiterer Experten in Anspruch, wie z. B. Fachberater, Einzelhelfer oder Therapeuten. In der Folge können pädagogische Fachkräfte Grenzsituationen als solche schneller erkennen, kindliches Verhalten besser verstehen, professioneller und mit Bedacht reagieren. Das hilft allen Beteiligten: dem Kind, den Eltern und den Erzieherinnen selbst.

Abschluss

Wir hoffen, dass dieses Buch Ihnen dabei helfen kann, herausfordernde Situationen im Umgang mit Kindern zu meistern. Die Veränderung des Blickwinkels auf kindliches Verhalten birgt erstaunliche Erkenntnisse und Lösungswege. Im besten Fall führt sie zu mehr Gelassenheit von Erzieherinnen und Eltern – und gleichzeitig zu einer freudvollen, gesunden Entwicklung von Kindern.

Wie Sie in einigen beschriebenen Fallbeispielen sehen konnten, geht es uns selbst nicht anders als Ihnen: Auch wir haben Fehler gemacht, Kinder missverstanden, sie unterschätzt, bewertet und unangemessen reagiert – und manchmal haben wir das erst Jahre später erkennen und die Zusammenhänge verstehen können. Nun, eine zeitversetzte Erkenntnis ist besser als gar keine, oder?

Natürlich wissen wir, dass es durchaus Situationen gibt, in denen wir auch mit all unserem pädagogischen Geschick und unserem Verständnis für das Kind nicht weiterkommen. Dann ist es empfehlenswert – und sogar notwendig –, sich Hilfe zu suchen und diese Hilfe anzunehmen. Kollegiale Beratung, Fallbesprechungen und Gespräche mit Eltern können uns helfen, besser zu verstehen, wie es dem Kind geht und was es benötigt. Vielleicht sind aktuelle **Veränderungen in der Familie** (Scheidung, Trennung, Umzug, Geschwisterzuwachs) Auslöser für das Verhalten eines Kindes. Ebenso kann eine **nicht erkannte Erkrankung** zu einem plötzlich veränderten Verhalten führen. Ein kurzes Beispiel: Tino (zweieinhalb Jahre alt) hörte von einem Tag auf den anderen einfach nicht mehr. Er hielt Regeln nicht ein und sprach man ihn direkt darauf an, schaute er, als wüsste er gar nicht, wovon gerade geredet wird. Die Eltern und Erzieherinnen waren sich einig: Tino ist jetzt in der Trotzphase. Sein sonstiges Verhalten passte jedoch überhaupt nicht zu dieser Entwicklungsphase. Die Erzieherin fing an, gezielt zu beobachten, wann genau Tino sich nicht an Regeln hielt. Dabei fiel ihr auf, dass er nur dann nicht reagierte, wenn sie bei einer Aufforderung an ihn keinen Blickkontakt herstellte. Sie überprüfte ihre Beobachtung, indem sie ihn in normaler Lautstärke aus einem Meter Entfernung von hinten ansprach. Tino zeigte keine Reaktion. Als sie ihn jedoch anschaute, während sie mit ihm sprach, verstand er sofort und kam der Aufforderung nach. Sie bat daraufhin die Eltern, beim Kinderarzt abzuklären, inwiefern eine Beeinträchtigung des Hörens vorliegt. Und siehe da, Tino hatte bereits seit zwei Wochen eine nicht erkannte Mittelohrentzündung, er **konnte** gar nicht hören, sondern versuchte, bei direktem Blickkontakt zu erraten, was von ihm gewollt wird. Die Erzieherinnen und die Eltern waren einerseits froh, dass ihm geholfen werden konnte, und andererseits sehr betroffen darüber, wie schnell sie Tino in eine Schublade gesteckt und sein Verhalten bewertet hatten.

Auch könnte bei einem Kind eine **diagnostizierbare** Verhaltensstörung vorliegen, ein erlebtes Trauma oder organische Ursachen Auslöser für sein Verhalten sein. Dass Sie in solch einem Fall an ihre Grenzen kommen, ist verständlich. Wenn Sie tatsächlich alles in ihrer Macht Stehende getan haben, um die Situation kindorientiert zu lösen, jedoch keinen Erfolg damit haben, dann besprechen Sie Ihre Wahrnehmung mit den Eltern und regen Sie sie an, sich externe Unterstützung zu holen, z. B. beim Kinderarzt, in Beratungsstellen, beim sozialpsychiatrischen Dienst oder bei einem niedergelassenen Psychologen. Doch bitte fragen Sie sich vor diesem Schritt selbstkritisch: Habe ich **tatsächlich** alles mir Mögliche getan, um das Kind zu verstehen und zu unterstützen? Unsere Erfahrung zeigt, dass Kinder (zu) schnell als verhaltensauffällig eingestuft, in eine Schublade gesteckt, als Dauerstörenfriede abgestempelt oder gar als nicht betreuungsfähig der Einrichtung verwiesen werden. Das Kind erlebt sich als Verursacher, als nicht richtig und entwickelt ein entsprechendes negatives Selbstbild. Im schlimmsten Fall kommt es aufgrund des Einrichtungswechsels oder Verweises zu einem Beziehungsabbruch, der eine zusätzliche Herausforderung für die kindliche Entwicklung darstellt. Das kann beispielsweise passieren, wenn wir unseren eigenen Anteil an dem Problem, die Wirkung **unseres** Verhaltens, nicht sehen (wollen) und die Verantwortung dafür abgeben – an das Kind, an den Psychologen, an den Arzt usw. Vielleicht ist es uns auch schlichtweg zu anstrengend, uns über einen längeren Zeitraum mit Kindern auseinanderzusetzen, die Stress bei uns auslösen. Ja, es ist anstrengend. Ja, es kann nerven. Ja, **wir** sind in der Verantwortung, den Kindern zu helfen, wenn sie es selbst nicht können.

Wir möchten mit unserem Buch einen Beitrag dazu leisten, dass Sie Kinder (besser) verstehen und in ihrer Entwicklung unterstützen können – getreu dem Motto: Das Kind **ist** nicht das Problem, das Kind **hat** ein Problem. Dabei wollen wir uns gemeinsam mit Ihnen immer wieder selbstkritisch hinterfragen, frei nach dem Motto:

Bevor du an einem Kind etwas ändern möchtest, geh in dich und finde heraus, ob dein Wunsch eventuell mit dir selbst zu tun hat.

Quellen- und Literaturverzeichnis

Brockhaus multimedial 2010 (wissenmedia GmbH)
ASIN: 3577077565

Jaspers, Karl: **Philosophie.**
Springer Verlag, 1973.
ISBN 978-35400-6323-0

Joas, Hans: **Die kulturellen Werte Europas.**
Eine Einleitung. In: Joas, Hans; Wiegandt, Klaus (Hrsg.): Die kulturellen Werte Europas. Fischer Taschenbuch Verlag, 2005.
ISBN 978-3596164028

Jürgens, Eiko: **Zeugnisse ohne Noten. Ein Weg zur differenzierten Leistungserziehung.**
Reihe Praxis Pädagogik.
Westermann-Schulbuchverlag, 1999.
ISBN 978-3141620337

Montessori, Maria; Becker-Textor, Ingeborg (Hrsg.):
Kinder lernen schöpferisch.
Die Grundgedanken für den Erziehungsalltag mit Kleinkindern
Herder, 1994
ISBN 3-451-04262-2

Oerter, Rolf; Montada, Leo (Hrsg.):
Entwicklungspsychologie.
Beltz Verlag, 2002 (5. Auflage).
ISBN 978-3621274111

Penka, Sabine; Fehrenbacher, Roland (Hrsg.):
Kinderrechte umgesetzt.
Grundlagen, Reflexion und Praxis.
Lambertus-Verlag, 2012.
ISBN 978-3-7841-2065-2

Reggio Children S. r. l. (Hrsg.): **Die Kinder vom Stummfilm.** Fantasiespiele zwischen Fischen und Kindern in der Krippe. Eine Geschichte in vier Akten. Ein- bis zweijährige Mädchen und Jungen der Krippen „Rodari". Luchterhand, 1998.
ISBN 978-3472029830

Rönnau-Böse, Meike; Fröhlich-Gildhoff, Klaus: **Resilienzförderung im Kita-Alltag. Was Kinder stark und widerstandsfähig macht.**
Verlag Herder, 2010.
ISBN 978-3451323034

Schäfer, Gerd E.: **Bildungsprozesse im Kindesalter.**
Selbstbildung, Erfahrung und Lernen in der frühen Kindheit. Juventa Verlag, 1998.
ISBN 978-3779903529

Standop, Jutta:
Die Arbeit mit dem pädagogischen Tagebuch.
In: Grundschulunterricht, 11 (45), 9-11. 1998.

Internet

- http://lexikon.stangl.eu
  (Online-Lexikon für Psychologie und Pädagogik)
- www.arbeitsrecht.org
- www.duden.de
- www.nur-zitate.com
- www.wikipedia.org
- http://zitate.net
- www.aphorismen.de
- www.medpsych.uni-freiburg.de/skripts/trauer.pdf

CD-ROM

Schäfer Gerd E./Strätz, Rainer (Hrsg.):
Beobachtung und Dokumentation in der Praxis:
Arbeitshilfen zur professionellen Bildungsarbeit in Kindertageseinrichtungen.
Carl Link Verlag.
ISBN 978-3-556-01038-9

Literaturempfehlungen

Fachliteratur

Anders, Wolfgang; Beudels, Wolfgang:
Wo rohe Kräfte sinnvoll walten.
Handbuch zum Ringen, Rangeln und Raufen in Pädagogik und Therapie.
Borgmann Verlag, 2014 (5. Auflage).
ISBN 978-3-86145-251-5

Bartoli y Eckert, Petra; Tsalos-Fürter, Ellen:
Atempausen für Erzieherinnen: Mit wirkungsvollen Stress-weg-Tipps den Tag gelassen meistern.
Verlag an der Ruhr, 2012.
ISBN 978-3834622198

Bergmann, Wolfgang:
Geheimnisvoll wie der Himmel sind Kinder.
Was Eltern von Jesus lernen können.
Kösel Verlag, 2010.
ISBN 978-3-466-36836-5

Bergmann, Wolfgang:
Lasst eure Kinder in Ruhe!
Gegen den Förderwahn in der Erziehung.
Kösel Verlag, 2011.
ISBN 978-3-466-30908-5

Elbing, Ulrich:
Nichts passiert aus heiterem Himmel ... es sei denn man kennt das Wetter nicht.
Transaktionsanalyse und herausforderndes Verhalten.
Verlag modernes Lernen, 2014 (4. Auflage).
ISBN 978-3-8080-0697-9

Greine, Rita: **Stress war gestern: Mehr Gelassenheit im Kita-Alltag.**
Cornelsen Scriptor, 2008.
ISBN 978-3589246144

Grossmann, Klaus; Grossmann, Karin (Hrsg.):
Bindung und menschliche Entwicklung.
John Bowlby, Mary Ainsworth und die Grundlagen der Bindungstheorie.
Klett-Cotta, 2009 (2. Auflage).
ISBN 978-3608949360

Hense, Margarita; Kunz, Hildegard:
Traumberuf Erzieherin – Ein Lesebuch zur Schatzsuche im pädagogischen Alltag.
Don Bosco Medien, 2014.
ISBN 978-3769820973

Heyl, Thomas; Schäfer, Lutz:
Frühe ästhetische Bildung.
Mit Kindern künstlerische Wege entdecken.
Springer-Verlag, 2016.
ISBN 978-3-662-48104-2

Hüther, Gerald; Michels, Inge:
Gehirnforschung für Kinder.
Felix und Feline entdecken das Gehirn.
Kösel Verlag, 2010 (2. Auflage).
ISBN 978-3-466-30845-3

Juul, Jesper: **Aggression.**
Warum sie für uns und unsere Kinder notwendig ist.
S. Fischer Verlag, 2013.
ISBN 978-3-10-091063-9

Juul, Jesper: **Nein aus Liebe.**
Klare Eltern – starke Kinder.
Kösel Verlag, 2009 (7. Auflage).
ISBN 978-3-466-30776-0

Krenz, Armin: **Kinderseelen verstehen.**
Verhaltensauffälligkeiten und ihre Hintergründe.
Kösel Verlag, 2012.
ISBN 978-3-466-30921-4

Literaturempfehlungen

Krenz, Armin: **Was Kinder brauchen.**
Aktive Entwicklungsbegleitung im Kindergarten.
Cornelsen Scriptor, 2010 (9. Auflage).
ISBN 978-3589247011

Oerter, Rolf; Montada, Leo (Hrsg.):
Entwicklungspsychologie.
Beltz Verlag: 5. Auflage Weinheim Basel,
Berlin 2002. ISBN 978-3-86800-494-6

Pertler, Cordula; Reuys, Eva:
Die 7 schönsten Feste im Kindergarten.
Erntedank, St. Martin, Nikolaus, Advent,
Fasching, Ostern, Muttertag.
Don Bosco, 2010.
ISBN 978-3-7698-1791-1

Pohl, Gabriele: **Kindheit – aufs Spiel gesetzt.**
Dohrmann Verlag, 2011 (3. Auflage).
ISBN 978-3938620052

Regner, Michael; Schubert-Suffrian, Franziska:
Partizipation in der Kita.
Projekte mit Kindern gestalten.
Herder Verlag, 2011.
ISBN 978-3-451-32552-6

Theißen, Bettina:
Der Mutmacher für Erzieherinnen & Erzieher.
Wie Sie den Berufsalltag souverän meistern.
Verlag an der Ruhr, 2015.
ISBN 978-3834625526

Kinderbücher

Boehme, Julia; Harvey, Franziska:
Tschüss, kleines Muffelmonster!
Oder wie schlechte Laune ratzfatz verschwindet.
Arena Verlag, 2013.
ISBN 978-3-401-70302-2

Erlbruch, Wolf: **Ente, Tod und Tulpe.**
Verlag Antje Kunstmann, 2007.
ISBN 978-3-88897-461-8

Lindenbaum, Pija: **Franziska und die Wölfe.**
Beltz & Gelberg, 2006.
ISBN 978-3-407-76040-1

Nilsson, Ulf: **Die besten Beerdigungen der Welt.**
Moritz Verlag, 2006 (2. Auflage).
ISBN 978-3895651748

Schreiber-Wicke, Edith; Holland, Carola:
Achtung! Bissiges Wort!
Thienemann-Esslinger, 2016 (6. Auflage).
ISBN 978-3-522-43488-1

Über die Autorinnen

Claudia Erler studierte in Berlin Publizistik und Theater-, Film- und Fernsehwissenschaften. Nach Abschluss ihres Studiums arbeitete sie fünf Jahre lang als freie Redakteurin, Autorin und Regieassistentin im SFB-Hörfunk. Seit 2003 ist sie als freiberufliche Texterin und Lektorin tätig, seit 2005 auch als Dozentin. Ihre Seminare beschäftigen sich hauptsächlich mit den Themen Gesprächsführung und Öffentlichkeitsarbeit. In diesem Zusammenhang hat sie viele Teams kennengelernt und in Kommunikationsfragen beraten. Um Menschen in Konfliktsituationen noch besser unterstützen zu können, absolvierte sie zusätzlich eine Ausbildung zur Mediatorin.

Ute Stary (ehemals Bendt) ist als freiberufliche Dozentin und pädagogische Fachberaterin tätig. Sie gibt bundesweit Seminare zu über 30 elementarpädagogischen Themen. Ihr beruflicher Weg begann mit der Ausbildung zur staatlich anerkannten Erzieherin; vier Jahre lang leitete sie eine Reggio-orientierte Kindertagesstätte. Seit 2004 arbeitet sie als selbstständige Dozentin im Auftrag von Jugendämtern, Bildungsträgern und Kitas. Über ihre Seminare hinaus unterstützt sie PädagogInnen bei der Konzeptionserstellung für Kindertagesstätten und steht als Beraterin bei Kitagründungen zur Seite. 2013 schloss sie ihr Bachelorstudium Early Education ab; 2016 folgte der Abschluss des Masterstudiums Organisationsentwicklung und Inklusion.

In enger Zusammenarbeit bieten die beiden Autorinnen weitere Fortbildungen und Fachtage an. Gemeinsam waren sie von 2006 bis 2014 Veranstalterinnen des pädagogischen Fachkongresses „Augen auf unsere Kinder“.